CYNNWYS

CYFLWYNIAD

A r fore 6 Mehefin, 1944, hwyliodd llynges ymosod dros y Sianel. Cariodd 4,000 o longau tua 200,000 o filwyr o borthladdoedd ar hyd arfordir de Lloegr dros fôr llwyd a diflas. Roedd y llongau wedi gadael yn y tywyllwch y noson flaenorol. Doedd dim un o'r milwyr na'r swyddogion yn gwybod i ble roedden nhw'n mynd. Y cyfan roedden nhw'n ei wybod oedd mai 'Dydd-D' oedd yr enw ar y diwrnod hwn.

Y Cadfridog Eisenhower, cadlywydd lluoedd arfog UDA.

Roedd Ewrop wedi wynebu bygythiad ofnadwy yn y 1930au, pan ddaeth plaid Natsïaidd Hitler i rym yn yr Almaen. Pan ddechreuodd yr Almaen ailarfogi ac ymosod ar ardal Rheinland, Awstria a Tsiecoslofacia, gwyliodd y byd mewn braw, ond pan orymdeithiodd y Natsïaid i mewn i Wlad Pwyl, cyhoeddodd Prydain a Ffrainc ryfel ar yr Almaen. Roedd yr Ail Ryfel Byd wedi dechrau.

Defnyddiai'r milwyr arfau ffyrnig iawn yr olwg wrth ymladd.

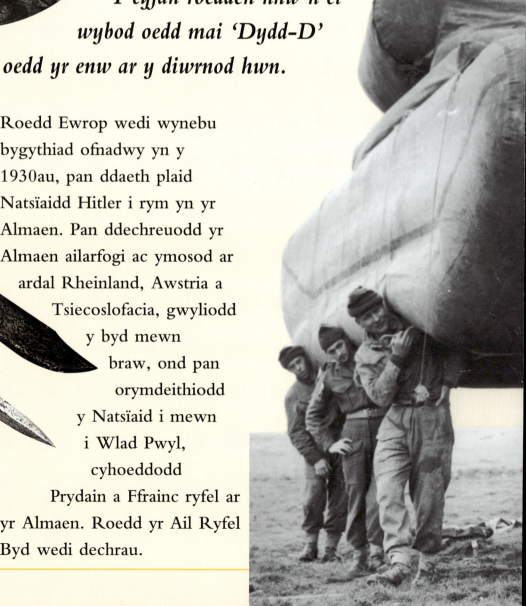

DIWRNOD MEWN HANES

Y DIWRNOD YR ENILLWYD Y RHYFEL

GLANIO DYDD D

Colin Hynson

Addaswyd gan Elin Meek

Gomer

Yn ystod dyddiau cynnar y rhyfel, roedd milwyr Hitler fel petaen nhw'n ennill pob brwydr. Ond yna, yn 1941, daeth UDA i'r rhyfel pan fomiodd Japan Pearl Harbor, a dechreuodd pethau newid. Hyd at hynny, roedd Lluoedd y Cynghreiriaid wedi ennill sawl buddugoliaeth yn erbyn yr Almaen, ond milwyr Hitler oedd yn dal i fod mewn grym dros y rhan fwyaf o Ewrop. Dim ond ar ôl ymosod ar Ffrainc o'r môr, ar Ddydd-D, yr agorodd y ffordd i ryddhau Ewrop oddi wrth y Natsïaid. Byddai'r Cynghreiriaid yn cymryd rheolaeth ar wledydd Gorllewin Ewrop, yn gorchfygu byddin gref yr Almaen ac yn helpu i ddod â'r Ail Ryfel Byd i ben.

Gwrthododd Hitler dynnu milwyr yn ôl ac roedd hynny'n help i'r Cynghreiriaid ennill yr Ail Ryfel Byd.

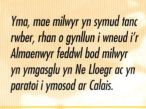

Yma, mae milwyr yn symud tanc rwber, rhan o gynllun i wneud i'r Almaenwyr feddwl bod milwyr yn ymgasglu yn Ne Lloegr ac yn paratoi i ymosod ar Calais.

Mae miloedd o filwyr a fu farw ar Ddydd-D wedi'u claddu yn y fynwent ryfel hon yn Normandi.

Cyn gynted ag roedd pob llong wedi gadael y porthladd, agorodd y swyddog amlen wedi'i selio oedd yn cynnwys y cyfarwyddiadau a'r mapiau manwl a fyddai'n helpu'r milwyr i gyrraedd eu nod. O'r diwedd roedden nhw'n gwybod i ble roedden nhw'n mynd. Roedden nhw'n mynd i lanio ar draethau Normandi ar arfordir gogledd Ffrainc. Roedd y llynges yn werth ei gweld. Yn ogystal â'r llongau cario milwyr, roedd dros fil o longau rhyfel a miloedd o awyrennau ymladd a bomio yn barod i amddiffyn y llongau rhag gwrthwynebiad yr Almaenwyr. Roedd awyrennau bomio wedi bod yn ymosod

Nid oedd Rommel, Maeslywydd yr Almaen, yn gallu ymladd yn ôl erbyn y Cynghreiriaid yn ystod ymosodiad Dydd-D.

ar amddiffynfeydd yr Almaenwyr yn barod ac roedd 20,000 o filwyr wedi'u gollwng â pharasiwt er mwyn cipio'r prif heolydd a'r pontydd o gwmpas Normandi. Gwyddai pob un o filwyr y Cynghreiriaid, hyd yn oed gyda'r holl longau a'r awyrennau hyn, y byddai'r frwydr am draethau Normandi yn un waedlyd.

Roedd byddin yr Almaen wedi treulio pedair blynedd yn paratoi amddiffynfeydd. Er eu bod yn gwybod bod ymosodiad yn dod, doedden nhw ddim yn siŵr pryd neu ble y byddai'n dechrau. Cafodd y ddwy ochr lawer o golledion yn ystod Dydd-D: lladdwyd dros 2,500 o filwyr y Cynghreiriaid ac anafwyd bron i 9,000. Oherwydd eu haberth nhw, daeth diwedd yr Ail Ryfel Byd yn llawer nes. Helpodd llwyddiant ymgyrch Dydd-D i lunio map Ewrop fel y mae heddiw. Ond doedd y milwyr oedd yn aros i lanio ar 6 Mehefin 1944 ddim yn meddwl llawer am ddyfodol Ewrop. Wrth i sŵn y frwydr gryfhau, poeni roedden nhw a fydden nhw'n dal yn fyw erbyn diwedd y dydd.

Dros 50 mlynedd yn ddiweddarach mae Ewrop yn lle llawer mwy diogel, ac mae Almaen heddychlon yn rhan ganolog o Ewrop. Mae Ffrainc a'r Almaen yn defnyddio'r Ewro, ac mae cynllun ar y gweill i gael byddin Ewropeaidd. Ond bob blwyddyn, mae pobl o bob cwr o Ewrop yn cwrdd i gofio'r rhai a aberthodd eu bywydau'r holl flynyddoedd hynny'n ôl, er mwyn i ni gael bod yn rhydd.

Heddiw, mae'r Almaen yn rhan ganolog o wleidyddiaeth Ewrop, yn rhan o Senedd Ewrop (uchod) ac yn un o brif wledydd yr Arian Sengl Ewropeaidd (yr Ewro).

Roedd Winston Churchill, Prif Weinidog Prydain, yn ysbrydoliaeth fawr i bobl Prydain – a thu hwnt – yn ystod yr Ail Ryfel Byd.

Gellir olrhain y rheswm am Ddydd-D, ac am y rhyfel yn Ewrop, yn ôl i ddiwedd y Rhyfel Byd Cyntaf yn 1918. Ar ôl colli'r rhyfel, ac oherwydd yr anarchiaeth a'r dirwasgiad economaidd, penderfynodd llawer o bobl yn Ewrop wrthod democratiaeth a throi at unbeniaid i gael ateb i'w problemau. Dau o'r unbeniaid hyn, sef Adolf Hitler yn yr Almaen a Benito Mussolini yn yr Eidal, fu'n gyfrifol am roi Ewrop gyfan ar lwybr tuag at ryfel byd arall.

Trefnodd y Natsïaid ralïau enfawr yn Nürnberg, dinas yn ne'r Almaen. Eu bwriad oedd dangos grym y Natsïaid. Roedd pob un wedi'i rheoli'n ofalus er mwyn sbarduno pobl i gefnogi'r blaid Natsïaidd yn frwd. Roedd defodau arbennig, sef chwifio baneri, gorymdeithio a cherddoriaeth. Araith gan Hitler oedd yr uchafbwynt.

Cytundeb Versailles

Daeth y Rhyfel Byd Cyntaf i ben o'r diwedd yn 1918. Roedd wedi cymryd bywydau 20 miliwn o bobl. Roedd yr Almaen wedi'i threchu a phenderfynwyd ar ei chosb y flwyddyn ganlynol yng Nghytundeb Versailles. Ar ôl pedair blynedd hir o ryfela, bu'n rhaid i'r Almaen ildio tir i wledydd o'i chwmpas, a chael gwared ar y rhan fwyaf o'i lluoedd arfog. Hefyd, bu'n rhaid iddi dalu symiau enfawr o arian i Brydain a Ffrainc yn iawndal am y rhyfel. Achosodd y cytundeb hwn lawer o ddrwgdeimlad yn yr Almaen.

Twf y Natsïaid

Roedd anhrefn wleidyddol ac economaidd yn yr Almaen wedi'r rhyfel. Roedd arian yn werth dim oherwydd chwyddiant, a chododd nifer y di-waith.

Roedd pobl yn beio'r llywodraeth ddemocrataidd am y sefyllfa a phenderfynon nhw droi at bleidiau eithafol am atebion. Cafodd Plaid Natsïaidd Adolf Hitler fwy o bleidleisiau ym mhob etholiad wrth i nifer y di-waith godi. Yn 1930, enillodd y Natsïaid 6.5 miliwn o bleidleisiau. Yn 1932, blwyddyn waethaf y Dirwasgiad, enillon nhw dros 13 miliwn o bleidleisiau a dod yn blaid fwyaf yn llywodraeth glymblaid yr Almaen. Yn y pen draw, ym mis Ionawr 1933, daeth Hitler yn ganghellor yr Almaen ac yn un o'r dynion mwyaf pwerus yn Ewrop gyfan.

Y DIRWASGIAD *Mawr*

Rhwng 1929 a 1935, cafodd economïau'r byd eu taro gan y Dirwasgiad Mawr. Caeodd busnesau dros y byd i gyd a chollodd miliynau o bobl eu gwaith. Cafodd yr Almaen ei tharo'n arbennig o galed, gyda thros chwe miliwn o bobl yn ddi-waith a chwyddiant rhemp a wnaeth i gynilion pobl fod yn ddiwerth, gan achosi tlodi cyffredinol.

Ffasgaeth yn yr Eidal

Ganwyd ffasgaeth yr Eidal ym mis Mawrth 1919 pan sefydlodd Benito Mussolini 'Fascio di Combattimento', llu ymladd gwrthsosialaidd. Roedd Mussolini wedi hyfforddi fel athro ac yn ddiweddarach dechreuodd ymwneud â gwleidyddiaeth chwyldroadol, fel sosialydd yn gyntaf ac yna fel ffasgydd. Credai y dylai'r Eidal ddod yn rym mawr a breuddwydiai am adeiladu

Ymerodraeth Rufeinig newydd. Ffurfiodd ei ffasgwyr grwpiau arfog i frawychu eu gwrthwynebwyr gwleidyddol. Ym mis Hydref 1922, ceision nhw ddisodli'r llywodraeth drwy rym yn eu 'Gorymdaith ar Rufain'. Roedd unbennaeth Mussolini yn ysbrydoliaeth i'r Natsïaid, ac roedd arweinydd yr Eidal yn gynghreiriad i Hitler drwy'r rhyfel.

Yr Almaen yn ailarfogi

Tasg gyntaf Hitler pan ddaeth yn ganghellor oedd dechrau ailarfogi'r Almaen, er bod Cytundeb Versailles yn gwahardd hyn. Yn 1935 ailgyflwynodd gonsgripsiwn. Tyfodd byddin yr Almaen o 100,000 yn 1933 i 500,000 yn 1936. Chwyddodd y llynges a'r llu awyr hefyd.

Credoau Hitler

Roedd Hitler yn Almaenig eithafol ac yn credu bod yr hil Almaenig yn well na phob hil arall. Byddai'n cael lle i'w 'hil oruchaf' fyw yn y Dwyrain drwy goncro'r hiliau Slafaidd 'israddol' yn filwrol.

Y Swastica oedd arwydd y blaid Natsïaidd, y Drydedd Reich. Hen symbol crefyddol oedd y Swastica yn wreiddiol, ond gwnaeth Hitler ef yn symbol swyddogol yr Almaen yn 1935.

ADOLF *Hitler*

Ganwyd Adolf Hitler yn Awstria yn 1889. Pan oedd yn ifanc, bu'n byw yn Wien ac yn ennill tamaid o fywoliaeth drwy beintio dyfrlliwiau. Pan ddechreuodd y Rhyfel Byd Cyntaf yn 1914, ymunodd â byddin yr Almaen fel corporal. Ymunodd Hitler â mudiad bychan o'r enw Plaid Gweithwyr yr Almaen a'i drawsnewid yn blaid Natsïaidd. Yn 1923, cafodd ei garcharu am geisio dymchwel llywodraeth Bavaria. Roedd ei lyfr, *Mein Kampf* ('Fy Mrwydr'), yn cyflwyno ei weledigaeth am Almaen newydd.

Yma, gwelir Hitler gyda Mussolini, ei gynghreiriad (ar y chwith). Benthycodd y Natsïaid nifer o syniadau a symbolau o ffasgaeth yr Eidal.

Rhuthrodd cannoedd o gychod sifil bychan ar draws y Sianel ym mis Mai 1940 i symud y fyddin Brydeinig o'r traeth yn Dunkirk cyn i'r Almaenwyr gyrraedd yno.

METHU *yn Dunkirk*

Wrth i'r Almaenwyr ymosod yn ddyfnach yn Ffrainc, ymgasglodd byddin Prydain ar arfordir Ffrainc, yn Dunkirk, i aros am gael ei symud yn ôl i Brydain. Dechreuodd hyn ar 27 Mai 1940, a gorffen ar 4 Mehefin. Cafodd dros 200,000 o filwyr Prydain a 140,000 o filwyr Ffrainc eu cludo dros y Sianel gan amrywiaeth anhygoel o gychod hwylio, tygiau, llongau pysgota a fferïau. Roedd yn rhaid gadael pob tanc a dryll trwm ar ôl. Aeth yr Almaenwyr â'r rhan fwyaf o arfau gorau byddin Prydain.

ond cam gwag ofnadwy oedd hyn. Petai Prydain a Ffrainc wedi anfon milwyr i Rheinland, mae hi bron yn siŵr y byddai Hitler wedi camu'n ôl ac efallai wedi rhoi'r gorau i'w gynllun i ennill tiriogaeth. Y cyfan wnaeth y ddwy wlad oedd annog Hitler i ddal ati.

Diwedd Awstria

Nod nesaf Hitler oedd uno'r Almaen ac Awstria a chreu 'Almaen Fawr'. Roedd Natsïaid Awstria wedi bod yn paratoi'r ffordd drwy ansefydlogi eu gwlad drwy derfysgu a bomio. Ym mis Mawrth 1938, bygythiodd Hitler anfon milwyr i mewn 'i adfer trefn'. Penderfynodd canghellor Awstria ymddiswyddo a chafodd milwyr Hitler wahoddiad gan y canghellor Natsïaidd a ddaeth yn ei le. Roedd llawer o gefnogaeth yn Awstria i Hitler. Cafodd y wlad ei hailenwi'n 'Ostmark' a daeth yn rhanbarth o'r Almaen.

Ond yn y cyfamser, roedd Hitler eisiau cael gwared ar y bobl oedd yn tanseilio'r Almaen, yn ei farn ef: comiwnyddion, rhyddfrydwyr ac yn bennaf oll, yr Iddewon, oedd yn cael y bai am i'r Almaen golli'r Rhyfel Byd Cyntaf ac am gywilydd Cytundeb Versailles. Byddai'r Iddewon yn colli pob hawl, ac yn cael eu lladd yn nes ymlaen.

Cam cyntaf yr Almaen

Roedd Cytundeb Versailles yn gwahardd byddin yr Almaen rhag mynd o fewn 50 kilometr i afon Rhein. Ond ym mis Mawrth 1936, anfonodd Hitler 32,000 o filwyr i ardal Rheinland, ac wrth wneud hynny roedd perygl y byddai'n dechrau rhyfel yn erbyn Ffrainc a Phrydain. Ond, wnaeth Ffrainc a Phrydain ddim byd. Teimlai'r Prydeinwyr nad oedd milwyr yr Almaen yn ardal Rheinland yn fygythiad,

Tsiecoslofacia'n cwympo

Defnyddiodd Hitler dactegau tebyg yn y Sudetenland, ardal ar ffiniau Tsiecoslofacia a oedd yn gartref i dair miliwn o Almaenwyr ethnig. Ym mis Hydref 1938, goresgynnodd yr Almaen y Sudetenland i 'warchod' Almaenwyr yr ardal. Addawodd Hitler i Brydain na fyddai'n hawlio rhagor o diriogaeth yn Ewrop. Yna, yn nechrau mis Ebrill 1939, gorymdeithiodd ei fyddin i mewn i weddill Tsiecoslofacia, fel bod ei hanner hi'n rhan o'r Almaen, a rhoi llywodraethwr pyped (rhywun sy'n cael ei reoli gan rywun arall) i reoli'r gweddill. Dim ond nawr y sylweddolodd Prydain a Ffrainc bod Ewrop mewn perygl.

Y rhyfel yn dechrau

Sylweddolodd Prydain a Ffrainc, yn rhy hwyr, fod Hitler yn beryglus ac annibynadwy ac nad oedd yn mynd i stopio yn Tsiecoslofacia. Cyn hir, cafodd eu hofnau gwaethaf eu gwireddu. Roedd Hitler yn llygadu'r Coridor Pwylaidd, ardal o Wlad Pwyl roedd yr Almaen wedi'i cholli ar ôl y Rhyfel Byd Cyntaf. Cytunodd Prydain a Ffrainc i amddiffyn Gwlad Pwyl petai Hitler yn ymosod. Hefyd credent na fyddai Rwsia'n dioddef cael Gwlad Pwyl o dan reolaeth yr Almaen. Ond, er syndod i'r byd, gwnaeth Hitler gam diplomyddol rhyfeddol. Ym mis Awst 1939, arwyddodd y cytundeb Natsïaidd-Sofietaidd gyda Rwsia Sofietaidd, gelyn ideolegol pennaf y Natsïaid, lle cytunodd y ddwy ochr i beidio ag ymladd â'i gilydd a rhannu Gwlad Pwyl rhyngddyn nhw. Ar 1 Medi 1939, ymosododd lluoedd yr Almaen ar Wlad Pwyl o'r Gorllewin a daeth y lluoedd Sofietaidd o'r Dwyrain, gan rannu'r wlad. Ar 3 Medi, cadwodd Prydain a Ffrainc eu haddewid i Wlad Pwyl a chyhoeddi rhyfel ar yr Almaen.

Ffrainc yn ildio

Roedd milwyr Ffrainc a Phrydain yn rhy bell i helpu Gwlad Pwyl. Felly doedd dim llawer o ymladd yn ystod misoedd cyntaf y rhyfel. 'Y Rhyfel Ffug' yw'r enw ar y cyfnod hwn.

Bu'n rhaid i filoedd o bobl ffoi o'u tai wrth i filwyr yr Almaen symud ymlaen yn gyflym, fel y ferch fach hon (yn y canol). Roedd y ffoaduriaid hyn yn llenwi'r heolydd ac yn arafu lluoedd Prydain a Ffrainc wrth iddyn nhw gilio.

Oherwydd tacteg Blitzkrieg, roedd yr Almaenwyr bron yn anorchfygol yn ystod cyfnod cynnar yr Ail Ryfel Byd, a gorymdeithiodd eu lluoedd drwy bob prifddinas bron yn Ewrop.

BLITZKRIEG

Cafodd byddin yr Almaen gymaint o lwyddiant ar ddechrau'r rhyfel oherwydd math newydd o dacteg o'r enw 'Blitzkrieg', gair Almaeneg sy'n golygu 'rhyfel mellt'. Roedd hyn yn golygu lansio ymosodiad sydyn a chyflym gyda thanciau, awyrennau rhyfel ac awyrennau bomio, er mwyn ymosod yn ddirybudd ar y gelyn.

Ond yng ngwanwyn 1940, meddiannodd lluoedd yr Almaen bedair gwlad arall: Denmarc, Norwy, Gwlad Belg a'r Iseldiroedd. Wedyn, ymosodon nhw ar Ffrainc, gan drechu byddin Ffrainc mewn ymosodiad Blitzkrieg sydyn a gorfodi byddin Prydain i gilio. Ildiodd y Ffrancwyr heb i un frwydr fawr gael ei hymladd.

Brwydr Prydain

Nawr roedd Prydain ar ei phen ei hun. Gwyddai Hitler fod rhaid iddo reoli'r awyr cyn gallu ymosod ar Brydain. Felly roedd yn rhaid trechu'r Llu Awyr Prydeinig. Ar 8 Awst, 1940, dechreuodd y 'Luftwaffe', llu awyr yr Almaen, ymosod ar feysydd awyr yn ne Lloegr. Roedd gan y Luftwaffe ddwywaith cymaint o awyrennau â'r Prydeinwyr ac roedden nhw'n hyderus y bydden nhw'n ennill yn hawdd. Ar ôl ymladd ffyrnig yn ystod pythefnos olaf mis Awst, roedd y Llu Awyr Prydeinig (RAF) wedi colli nifer o'u peilotiaid gorau ac ar fin cael eu trechu. Ond ym mis Medi, gorchmynnodd Hitler yn sydyn i'w awyrennau roi'r gorau i ymosod ar y meysydd awyr a dechrau ymgyrch fomio yn erbyn dinasoedd Prydain yn lle hynny. Felly cafodd yr RAF gyfle i gryfhau eto a chadw rheolaeth ar yr awyr uwchben Prydain.

Am nifer o flynyddoedd Winston Churchill (isod) oedd un o'r ychydig wleidyddion ym Mhrydain oedd yn rhybuddio am Hitler, ond ni wrandawodd neb arno. Pan ddaeth yn brif weinidog yn 1940, addawodd y byddai Prydain yn ymladd a byth yn ildio. Dyma'r agwedd benderfynol roedd Prydain wedi bod yn dyheu amdani.

Y Blitz

Y Blitz yw'r enw ar y ffordd y bomiodd yr Almaen ddinasoedd Prydain yn ystod y rhyfel, yn enwedig Llundain. Nod Hitler oedd torri ysbryd pobl Prydain. Credai y byddai hyn yn gorfodi Prydain i drafod neu ildio. Cafodd dros dair miliwn o gartrefi eu difrodi neu'u dinistrio, cafodd canol nifer o ddinasoedd, fel Abertawe, eu dinistrio'n llwyr a lladdwyd dros 30,000 o bobl. Digwyddodd y bomio o fis Medi 1940 tan fis Mai 1941, pan drodd yr Almaenwyr eu sylw at y dwyrain a'u targed nesaf – Rwsia.

Prydain yn taro'n ôl

Yn ystod y Blitz, roedd y Prydeinwyr yn benderfynol o ddangos eu bod nhw heb gael eu trechu. Yn ystod hydref 1940, ymosododd awyrennau bomio'r RAF ar yr Almaen a bomio Berlin yn ystod y gaeaf. Ond collodd Prydain nifer o awyrennau ac ni chafodd y bomio lawer o effaith ar ddiwydiant ac ysbryd yr Almaen.

Brwydr yr Iwerydd

Gan mai'r Natsïaid oedd yn rheoli Ewrop, roedd rhaid i Brydain fewnforio cyflenwadau o America a Chanada. Ymosododd llongau tanfor yr Almaen, oedd yn cael eu galw yn 'U-boats' ar nifer o longau nwyddau a'u suddo. Gallai Prydain fod wedi gorfod ildio am fod pawb yn llwgu. Ond, oherwydd yr egwyl o'r Blitz, roedd awyrennau Prydain yn gallu amddiffyn llongau oedd yn teithio gyda'i gilydd i fod yn ddiogel. Roedd yr 'U-boats' yn dal i fod yn broblem ond roedd cyflenwadau'n cyrraedd Prydain.

AREITHIAU *Churchill*

Cafodd ysbryd Prydain ei gynnal yn ystod dyddiau tywyllaf y rhyfel gan areithiau tanbaid Winston Churchill. Ym mis Mehefin 1940, yn union ar ôl Dunkirk, clodd Churchill araith fel hyn, 'Let us therefore address ourselves to our duty and so bear ourselves that if the British Commonwealth of Nations and Empire lasts for a thousand years, men will say "This was their finest hour"'.

U-boot yw'r gair Almaeneg, ond fel U-boats y byddai pobl yn eu hadnabod yn ystod y rhyfel.

Yn y llun enwog hwn a dynnwyd yn ystod y Blitz (ar y chwith), mae cadeirlan St Paul's i'w gweld rhwng mwg a fflamau strydoedd Llundain wedi'r bomio.

Gogledd Affrica

Yn ogystal â'r rhyfel yn yr awyr ac ar y môr, roedd Prydain yn ymladd gelynion ar y tir. Roedd olew Prydain yn dod drwy Gamlas Suez yn yr Aifft a Chulfor Gibraltar yn y Môr Canoldir. Ymosododd milwyr yr Eidal ar luoedd Prydain yn yr Aifft cyn gorfod ildio tir. Ond daeth yr Almaenwyr i helpu'r Eidalwyr ac yn 1941, o dan y Cadfridog Erwin Rommel, gwthion nhw filwyr Prydain a'r Gymanwlad yn ôl i'r Aifft.

Ymgyrch Barbarossa

Erbyn hyn, doedd dim diddordeb gan Hitler yn y rhyfel awyr uwchben Prydain a Gogledd Affrica. Roedd wedi breuddwydio erioed am ymerodraeth Almaenig yn y Dwyrain, ac wrthi'n cynllunio ymosod ar Rwsia Sofietaidd. Doedd Joseph Stalin, yr arweinydd Sofietaidd, ddim yn credu y byddai Hitler yn ymosod ac roedd heb baratoi i amddiffyn ei wlad. Ar 22 Mehefin, 1941, lansiodd yr Almaenwyr Ymgyrch Barbarossa, ymosodiad ar Rwsia. Cafodd y fyddin Sofietaidd syndod mawr. Wrth i danciau Hitler rolio'n gyflym ar draws yr Wcráin, roedd hi'n edrych fel buddugoliaeth hawdd.

Cafodd yr 'Home Guard' sylw mewn cyfres deledu boblogaidd a ffilm o'r enw 'Dad's Army'.

At last! Their epic story invades the Big Screen!

DAD'S ARMY

DAD'S ARMY ARTHUR LOWE · JOHN LE MESURIER · CLIVE DUNN
JOHN LAURIE · JAMES BECK · ARNOLD RIDLEY · IAN LAVENDER · LIZ FRASER
SCREENPLAY JIMMY PERRY AND DAVID CROFT · PRODUCED JOHN R. SLOAN
DIRECTED NORMAN COHEN
General Exhibition

DAD's *army*

Yn ystod dyddiau tywyll 1940 a 1941, roedd y Prydeinwyr yn disgwyl ymosodiad gan yr Almaenwyr unrhyw bryd, a galwyd ar sifiliaid i amddiffyn y wlad. Ymunodd dros 250,000 â'r 'Home Guard', y Cartreflu. Oherwydd bod y rhan fwyaf o'r dynion hyn yn rhy hen i fod yn y lluoedd arfog, roedd llawer o bobl yn eu galw'n 'Dad's Army'.

Newidiodd ymosodiad y Japaneaid ar Pearl Harbor (ar y dde) deimladau'r Americanwyr am y rhyfel yn Ewrop. Cyn hynny, roedden nhw wedi bod yn gyndyn o fod yn rhan o'r rhyfel, ond nawr sylweddolon nhw fod hwn yn rhyfel iddyn nhw, hefyd.

Rhyfel yn y Dwyrain Pell

Roedd yr Ail Ryfel Byd wedi dechrau yn 1931 i bobl China a Japan. Roedd Japan wedi ymosod ar ardal fawr o China o'r enw Manchuria a'i meddiannu. Y nod oedd ennill tir ac adnoddau gwerthfawr fel olew. Yn 1937, goresgynnodd milwyr Japan weddill China, ac yn 1941, ymosododd ar wledydd Asiaidd eraill. Roedd hi'n ymddangos na allai neb atal Japan wrth iddi fygwth Pilipinas ac India, hyd yn oed.

Pearl Harbor

Credai'r Japaneaid fod rhaid iddyn nhw ddinistrio llynges America er mwyn rheoli Asia a'r Cefnfor Tawel. Felly penderfynon nhw lansio ymosodiad sydyn ar Lynges America yn y Cefnfor Tawel yn Pearl Harbor, Hawaii. Ar 7 Rhagfyr, 1941, am 8 y bore, ymosododd 360 o awyrennau Japan ar Pearl Harbor. Erbyn 10 y bore, roedd yr ymosodiad ar ben. Dinistriwyd 14 o longau America a lladdwyd bron i 2,500 o bobl. Cyhoeddodd Franklin D Roosevelt, Arlywydd America, ryfel ar Japan, yr Almaen a'r Eidal.

Rhy *hwyr*

Mae pobl yn dal i gredu bod y Japaneaid wedi ymosod ar Pearl Harbor heb gyhoeddi rhyfel ar America'n gyntaf. Mewn gwirionedd, cafodd llysgennad Japan yn Washington orchymyn i fynd â neges yn cyhoeddi rhyfel cyn yr ymosodiad. Ond roedd y neges mewn cod ac erbyn i'r llysgennad ddatrys y neges a'i chyflwyno, roedd yr ymosodiad wedi dechrau.

Symud ymlaen

Symudodd yr Almaen ymlaen i Rwsia Sofietaidd. Cyn pen ychydig fisoedd, roedd byddinoedd Hitler wedi cymryd bron i dair miliwn o garcharorion rhyfel, ac wedi dinistrio'r rhan fwyaf o lu awyr y Sofietiaid ar y llawr. Doedd y fyddin Sofietaidd ddim yn barod am ymosodiad ac roedd yn wan iawn ar ôl i Stalin orchymyn i'r cadfridogion gorau gael eu lladd yn y 1930au. Rhwng misoedd

Mehefin a Rhagfyr 1941, collodd Rwsia dros bedair miliwn o ddynion a bron i holl gyflenwadau bwyd y wlad. Erbyn gaeaf 1941, roedd yr Almaenwyr ar gyrion Leningrad a Moscow.

JOSEPH *Stalin*

Rhwng 1929 a 1953, roedd un dyn, Joseph Stalin, yn rheoli Rwsia Sofietaidd. Roedd yn unben cyfrinachgar, paranoid a chreulon, oedd yn trin unrhyw wrthwynebwyr heb drugaredd. Cafodd miliynau o bobl eu lladd neu eu hanfon i wersylloedd llafur yn ystod 'Braw Mawr' canol y 1930au. Hefyd, cafodd Stalin wared ar filoedd o swyddogion y fyddin, gan wanhau eu sefyllfa'n ddifrifol.

Stalin, yr arweinydd Sofietaidd (ar y chwith) a ddaeth i rym yn 1929 ar ôl marwolaeth Lenin. Ystyr ei enw yn Rwsieg yw 'dyn o ddur'.

TEIMLO BOD NEWID *y llanw'n troi*

'Nid dyma'r diwedd. Nid dechrau'r diwedd ydyw, hyd yn oed. Ond, efallai mai dyma ddiwedd y dechrau.'

Winston Churchill, Tachwedd 1942.

Erbyn canol 1942, roedd yn ymddangos bod byddinoedd yr Almaen a Japan yn anorchfygol. Roedd Hitler wedi concro'r rhan fwyaf o Orllewin Ewrop, ac roedd yr Undeb Sofietaidd yn ymddangos fel petai ar fin cwympo. Roedd lluoedd Japan wedi cipio Hong Kong a Singapore ac yn meddiannu de-ddwyrain Asia ac ynysoedd y Cefnfor Tawel. Ond erbyn diwedd y flwyddyn, roedd y Cynghreiriaid wedi atal yr Almaen a Japan ac yn eu gwthio'n ôl yn araf.

Map yn dangos y diriogaeth o dan reolaeth yr Almaen a'r Eidal (coch) a Japan (glas) erbyn 1942.

23/11/42 Yng Ngogledd Affrica, roedd milwyr yr Almaen o dan y Maeslywydd Rommel wedi ymosod ar y Prydeinwyr ym mis Mehefin, gan gipio Tobruk yn y Diffeithwch Gorllewinol. Ciliodd y Prydeinwyr ac aros. Y Cadfridog Bernard Montgomery oedd yn eu harwain. Roedd yn strategydd gofalus ac arhosodd nes bod digon o filwyr ganddo cyn ymosod ar El Alamein ar 23 Hydref 1942. Y mis canlynol, glaniodd milwyr America a Phrydain yn Algeria. Nawr roedd yr Almaenwyr a'r Eidalwyr yn ymladd ar ddau ffrynt yn Affrica.

4/6/42 Ym mis Mehefin 1942, trechodd yr Americanwyr lynges Japan ym mrwydr bwysig Midway, yn y Cefnfor Tawel. Wrth i 185 o longau Japan hwylio tuag at Ynysoedd Midway, anfonodd yr Americanwyr sgwadronau o awyrennau rhyfel o dair llong awyrennau i wynebu'r bygythiad. Digwyddodd y frwydr i gyd yn yr awyr; thaniodd llongau America na Japan ddim o gwbl. Cyn pen deuddydd, roedd y Japaneaid wedi colli naw llong bwysig, gan gynnwys tair llong awyrennau.

3/1/43 Ar ôl misoedd o ymladd chwerw, llwyddodd yr Americanwyr i symud y Japaneaid o

Tanc Almaenig yn mynd yn sownd ar Wastatir Rwsia. Roedd yr amgylchedd yn ffactor pwysig yn ymgyrch Hitler yn Rwsia. Roedd llwch yn llenwi'r injans yn yr haf, roedden nhw'n rhewi yn y gaeaf a byddai llygod yn bwyta weiars y tanciau!

Dwy awyren Americanaidd yn dychwelyd o gyrch yn Guadalcanal. Roedd awyrennau'n gymorth mawr i gael gwared ar y Japaneaid o'r ynys strategol bwysig hon yn y Cefnfor Tawel.

Guadalcanal, ynys strategol yn y Cefnfor Tawel (un o Ynysoedd Solomon i'r dwyrain o Guinea Newydd). Ymladdodd y Japaneaid yn ffyrnig wrth geisio amddiffyn y diriogaeth.

Y MAESLYWYDD *Rommel*

Y Maeslywydd Erwin Rommel oedd un o filwyr enwocaf yr Almaen. Roedd wedi arwain milwyr yr Almaen yng Ngogledd Affrica ac yn gyfrifol am amddiffyn Ffrainc pan ymosododd y Cynghreiriaid. Ym mis Gorffennaf 1944 bu'n rhan o gynllwyn a fethodd â lladd Hitler a chyflawnodd hunanladdiad.

3/2/43 Yn ystod haf 1942, roedd milwyr yr Almaen wedi cyrraedd Stalingrad, dinas yn ne Rwsia. Gan fod enw Stalin ar y ddinas, roedd ei thynged yn bwysig i'r ddwy ochr. Roedd Hitler yn benderfynol o'i chipio; roedd Stalin yn benderfynol o'i hamddiffyn. Cyn hir, roedd milwyr yr Almaen yn gorfod ymladd yn y strydoedd, ond gwrthododd Hitler adael iddynt gilio. Wrth i'r gaeaf ddod, llwyddodd y Rwsiaid i amgylchynu'r Almaenwyr a thorri'u cyflenwadau. Ar 3 Chwefror, 1943, ildiodd gweddillion byddin Hitler, yn llwgu ac yn rhewi. Dyma'r tro cyntaf i'r Almaenwyr gael eu trechu ac roedd yn drobwynt i'r rhyfel yn y Dwyrain.

draws Libya i Tunisia, lle ildiodd chwarter miliwn o filwyr yr Almaen a'r Eidal ar 13 Mai, 1943.

22/5/43 Yn ystod gwanwyn 1943, roedd Brwydr yr Iwerydd wedi cyrraedd uchafbwynt pan suddodd llongau tanfor yr Almaen 27 llong oedd yn dod â chyflenwadau o America i Brydain. Ond, erbyn hyn, roedd y Prydeinwyr wedi datrys cod 'Enigma' yr Almaen, felly roedden nhw'n gallu darllen negeseuon a gwybod lle roedd y llongau tanfor. Ym mis Mai 1943, llwyddodd awyrennau'r Cynghreiriaid i ddinistrio cymaint o longau tanfor nes i'r Almaenwyr dynnu eu llynges yn ôl.

13/5/43 Ar ôl buddugoliaeth bwysig y Cynghreiriad yn El Alamein ym mis Hydref 1942, gwthiodd y Prydeinwyr 'Afrika Korps' Rommel ar

10/6/43 Ym mis Mehefin 1943, cydlynodd y Cynghreiriaid eu strategaeth ar gyfer bomio targedau yn yr Almaen, gan ddechrau anfon cyrchoedd 'ddydd a nos'. Roedd y Prydeinwyr yn bomio liw nos a'r Americanwyr liw dydd. Torrodd hyn ysbryd yr Almaenwyr a tharfu ar economi rhyfel Hitler.

DWIGHT D *Eisenhower*

Cafodd Dwight D. Eisenhower, neu 'Ike', ei eni yn 1890 yn Texas. Aeth i ysgol filwrol a dringo'r rhengoedd. Roedd gan Ike ddawn trefnu ac roedd pawb yn ei ganmol am ei fod yn hoffi cynnwys pobl wrth wneud cynlluniau, nid rhoi gorchmynion yn unig.

Mae Dwight D. Eisenhower (yn y canol) yn eistedd wrth ymyl Bernard Montgomery (ar y dde). Cyfaddefodd 'Monty' eu bod yn anghytuno ar strategaeth a bod y berthynas rhyngddyn nhw'n anodd yn aml.

'Fel tynnu darn o spaghetti ar draws plât, yn hytrach na cheisio ei wthio.'

Y Cadfridog Eisenhower yn disgrifio'i arddull arwain ei hun.

''Roedd Ike a minnau ar ddau begwn gwahanol.'

Y Cadfridog Montgomery am y Cadfridog Eisenhower.

5/7/43 Ar ôl trychineb Stalingrad, casglodd Hitler ei fyddinoedd ynghyd a phenderfynu cipio dinas Kursk yn Rwsia. Ar 5 Gorffennaf, 1943, ymosododd gyda byddin o filiwn o ddynion a 2,700 tanc. Ond roedd wedi oedi mor hir, roedd y Rwsiaid yn barod. Cafodd byddin yr Almaen ei threchu a dyma oedd ei hymosodiad mawr olaf yn y Dwyrain.

10/7/43 Gan fod lluoedd Hitler wedi'u symud o Ogledd Affrica, defnyddiodd y Cynghreiriaid Tunisia fel man cychwyn i ymosod ar yr Eidal. Ar 10 Gorffennaf, 1943, glaniodd lluoedd y Cynghreiriaid ar ynys Sicilia, a'i chipio ymhen mis. Ar 25 Gorffennaf, dymchwelwyd Mussolini, a dangosodd y llywodraeth newydd ei bod eisiau trafod er mwyn ildio i'r Cynghreiriaid. Erbyn mis Medi, roedd y Prydeinwyr wedi glanio ar dir mawr yr Eidal, ond ymosododd Hitler yn gyflym drwy oresgyn yr Eidal, ac achub ei ffrind Mussolini mewn cyrch mentrus.

8/43 Ym mis Awst 1943, cyfarfu arweinwyr milwrol Prydain ac America i drafod strategaeth. Drwy gydol 1943, roedd arweinwyr y Cynghreiriaid wedi bod yn dadlau ymysg ei gilydd. Roedd yr Americanwyr wedi dod i mewn i'r rhyfel oherwydd y Japaneaid, ond roedden nhw'n dadlau bod angen taclo bygythiad y Natsïaid yn Ewrop yn gyntaf. Roedd y Rwsiaid yn rhoi pwysau ar y Cynghreiriaid i agor ail ffrynt yng Ngorllewin Ewrop, ac ym Mhrydain dechreuodd sloganau fel 'Second Front Now' ymddangos ar waliau a phontydd. Roedd cefnogaeth ym Mhrydain i gael ymosodiad mawr. Ond allai Roosevelt a Churchill ddim cytuno pryd neu ble dylai'r ymosodiad ar Ewrop ddigwydd. Roedd yr Americanwyr eisiau ymosodiad cynnar; roedd y Prydeinwyr yn fwy gofalus ar ôl cael eu trechu sawl gwaith yn Ewrop, gan gynnwys cyrch aflwyddiannus ar Dieppe, Ffrainc yn 1942. Roedd

DIEPPE – *ymosodiad a fethodd*

Un o'r rhesymau pam roedd Prydain yn ofalus wrth drefnu Dydd-D oedd methiant ymosodiad diwethaf y Cynghreiriaid ar Ffrainc. Ym mis Awst 1942, ymosododd 6,000 o filwyr, o Ganada'n bennaf, ar dref Dieppe yn Ffrainc. Gwyddai'r Almaenwyr eu bod yn dod ac roedd yr ymgyrch yn drychineb. Lladdwyd neu cipiwyd hanner yr holl filwyr a gymerodd ran.

hi'n well ganddyn nhw ganolbwyntio ar drechu'r Almaenwyr yng Ngogledd Affrica a'r Eidal.

28/11/43 Ym mis Tachwedd 1943, cyfarfu Joseph Stalin, Franklin D Roosevelt a Winston Churchill, y 'tri mawr', arweinwyr y Cynghreiriaid, mewn cynhadledd yn Tehran, prifddinas Iran. Dadleuodd Stalin a Roosevelt y dylid ymosod ar Ffrainc cyn gynted â phosibl. Doedd Churchill ddim eisiau hyn ond collodd y bleidlais. Byddai'r ymosodiad yn digwydd ym mis Mai 1944, ar draethau Normandi, gogledd Ffrainc. Penododd Roosevelt yr Americanwr, y Cadfridog Dwight Eisenhower yn gadlywydd

cyffredinol ar yr ymosodiad, a'r Cadfridog Bernard Montgomery o Brydain yn gadlywydd y lluoedd ar y tir ar ôl yr ymosodiad. Roedd y ddau ddyn yn dod o gefndiroedd gwahanol iawn ac yn anghytuno ar sawl mater, yn enwedig strategaeth filwrol.

1/44 Erbyn mis Ionawr 1944, roedd tua dwy filiwn o filwyr America a Chanada wedi cyrraedd Prydain i baratoi at lanio yn Normandi. Galwyd yr holl filwyr hyn yn 'Friendly Invasion'. Cawson nhw effaith enfawr ar fywydau pobl Prydain. Roedd llawer yn croesawu milwyr America, yn enwedig menywod ifanc Prydain. Ond roedd ychydig o elyniaeth rhwng milwyr America a Phrydain gydag ambell ffrwgwd yn digwydd yn aml.

Y 'tri mawr' – Stalin (ar y chwith), Roosevelt (canol) a Churchill (ar y dde) – yng nghynhadledd Tehran. Ar y dechrau, roedd Stalin yn amau ei ddau gynghreiriad yn fawr. Credai eu bod yn oedi cyn dechrau ffrynt newydd yn y gorllewin er mwyn i'r Almaen a Rwsia wanhau'n llwyr wrth ymladd, felly byddai'r Almaen yn wannach a chomiwnyddiaeth yn cwympo yn Rwsia.

YMOSOD AR *Norwy*

Drwy gyfres o negeseuon radio ffug a ddarlledwyd o'r Alban, twyllwyd yr Almaenwyr i gredu bod y Cynghreiriaid yn cynllunio ymosodiad ar Norwy. O ganlyniad, cadwodd yr Almaenwyr lawer o filwyr yn Norwy.

Roedd ychydig o dyndra rhwng lluoedd Prydain ac America gan arwain at gweryla cyson.

27/4/44 Defnyddiodd milwyr America draeth o'r enw Slapton Sands yn Nyfnaint, de-orllewin Lloegr, i ymarfer byrddio ar gerbydau amffibiaidd a dod oddi

Yma gwelir milwyr yn symud tanc rwber – rhan o ymgyrch y Cynghreiriaid i dwyllo'r Almaenwyr i feddwl bod byddin yn ymgasglu yn ne-ddwyrain Lloegr, er mwyn ymosod ar Ffrainc ger Calais.

Gwragedd **GI**

Roedd menywod Prydain yn hoff iawn o filwyr 'GI' Americanaidd, a digwyddodd llawer o garwriaethau rhyngddyn nhw. Erbyn diwedd y rhyfel, roedd dros 80,000 o fenywod Prydain wedi priodi Americanwyr ac wedi gadael eu cartrefi i fyw yn yr Unol Daleithiau.

arnyn nhw. Bu'n rhaid symud y bobl leol o'r ffordd er mwyn cadw'r cyfan yn gyfrinach. Ar 27 Ebrill, 1944, ymosododd llongau'r Almaen ar longau oedd yn mynd â milwyr America i Slapton Sands. Lladdwyd bron i 700 Americanwr. Roedd y dynion oedd yn hyfforddi ar draethau Lloegr yn nerfus. Gwyddai pob milwr, o bob gwlad, ei fod yn paratoi ac yn hyfforddi er mwyn ymosod ar Ewrop, a bod

rhaid bod yn barod pryd bynnag y byddai'r alwad yn dod.

5/44 Aeth y paratoadau at yr ymosodiad rhagddynt yn gyfrinachol gydol mis Mai 1944. Un o'r rhesymau am fethiant yr ymosodiad ar Dieppe ym mis Awst 1942 oedd bod yr Almaenwyr yn gwybod pryd a ble roedd yn mynd i ddigwydd. Y tro hwn, gwnaeth y Cynghreiriaid yn siŵr na fyddai'r Almaenwyr yn gwybod dim. Yn ystod y misoedd cyn yr ymosodiad, roedd y Cynghreiriaid wedi lansio 'Operation Bodyguard', cynllun gwych i rwystro'r gelyn rhag dyfalu amser a lle Dydd-D. Cafodd yr Almaenwyr wybodaeth ffug am fyddin enfawr yn ne-ddwyrain Lloegr oedd yn paratoi i ymosod ar Ffrainc yn Calais, y porthladd Ffrengig nesaf at Brydain. Codwyd gwersylloedd ffug ac adeiladwyd tanciau rwber er mwyn i'r Almaenwyr eu gweld o'r awyr. Yn y cyfamser, roedd y fyddin go iawn yn paratoi yn ne-orllewin Lloegr. Gyda'r milwyr, roedd awyrfilwyr yn hyfforddi i lanio â pharasiwt yn Ffrainc. Erbyn diwedd mis Mai, gwyddai pob un o'r lluoedd arfog fod Dydd-D yn nesáu.

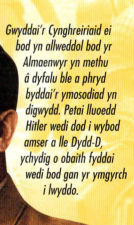

Er nad oedd llawer o ddynion Prydain yn hoffi gweld milwyr y Cynghreiriaid yma, cwympodd miloedd o fenywod Prydain mewn cariad â milwyr Americanaidd a'u priodi.

Gwyddai'r Cynghreiriaid ei bod yn allweddol bod yr Almaenwyr yn methu â dyfalu ble a phryd byddai'r ymosodiad yn digwydd. Petai lluoedd Hitler wedi dod i wybod amser a lle Dydd-D, ychydig o obaith fyddai wedi bod gan yr ymgyrch i lwyddo.

YR EILIAD ALLWEDDOL *yr ymosodiad*

Yn mis Mai 1944, cytunwyd ar ddyddiad ac amser yr ymosodiad ar Normandi. 5 Mehefin fyddai Dydd-D, a 6 y bore fyddai'r amser, sef Awr-A. Cafodd traethau glanio gwahanol eu rhoi i luoedd Prydain, Canada ac America. O ddiwedd mis Mai, ni chafodd llythyrau milwyr America eu hanfon, a thorrwyd llinellau ffôn ar draws yr Iwerydd er mwyn cadw cyfrinachedd. Anfonwyd milwyr i'r porthladdoedd lle byddai'r ymosodiad yn dechrau, a'u gwahardd rhag gadael. Yna, ar 4 Mehefin, cafodd y Cynghreiriaid rybudd am dywydd gwael a môr tymhestlog. Doedd dim dewis ond aros tan 6 Mehefin, pan fyddai'r tywydd yn well.

YR YMOSODIAD YN DECHRAU

`00:00`

Yn y tywyllwch y dechreuodd y diwrnod a fyddai'n cael ei adnabod fel 'Y Diwrnod Hiraf' wrth i 13,000 o awyrfilwyr syrthio o awyrennau i ardal yr ymosodiad. Eu gwaith oedd cipio pontydd a helpu i warchod y prif lu glanio. Yn fuan wedyn, ymosododd 2,000 o awyrennau bomio'r Cynghreiriaid ar safleoedd yr Almaen yn Normandi. Helpodd Mudiad Gwrthwynebu Ffrainc drwy ddinistrio llinellau ffôn. Erbyn 6.00 y bore, roedd llynges o ryw 6,000 o longau i'w gweld yn agosáu at Normandi. Dechreuodd drylliau llongau'r Cynghreiriaid ymosod ar amddiffynfeydd yr Almaenwyr ar y traethau.

Map sy'n dangos Ewrop ac ardal yr ymosodiad, gyda thiriogaeth y Cynghreiriaid yn las, tiriogaeth Pwerau'r Echel yn goch a gwledydd niwtral yn felyn.

Llwybrau'r ymosodiad o Loegr i Normandi.

BARN *y bobl*

'Wrth i'r wawr dorri, gwelais amlinell y llong ryfel oedd yn ein hebrwng yn agos at ein hochr starbord. Yn sydyn, yn ogystal â theimlo'n sâl a diflas, teimlais sioc a siom wrth i ffrwydrad godi'r llong ryfel allan o'r dŵr.'

Alfred Lane, milwr Prydeinig yn sôn am hwylio tuag at draeth Gold.

'Cyn dechrau, dywedwyd wrthym y byddai 10,000 o awyrennau'r Cynghreiriaid yn ymosod heddiw a bod pob arwydd ein bod ni'n feistri corn yn yr awyr. Hyd yn hyn, does dim un o awyrennau'r Almaenwyr wedi cael eu gweld.'

Syr Charles Birkin, Swyddog, yn sôn am oruchafiaeth y Cynghreiriaid yn yr awyr.

'Gan nad oes gorchmynion, ewch i chwilio am rywbeth a'i ladd.'

Y Maeslywydd Erwin Rommel a gafodd ei synnu gan ymosodiad y Cynghreiriaid ar Ffrainc o'r môr.

TRAETH OMAHA

`06:00`

Glaniodd milwyr America ar y traethau â'r enwau cod Omaha ac Uta. Roedd Traeth Omaha tua 5km (3 milltir) o hyd. Roedd tua dau draean o holl lu America, tua 45,000 o filwyr, i fod i lanio ar y darn byr hwn o draeth. Roedd bomio'r Cynghreiriaid wedi methu dinistrio amddiffynfeydd yr Almaenwyr. Roedd gynnau peiriant yn pwyntio'n uniongyrchol at y traeth. Pan laniodd milwyr America, roedd yn rhaid cerdded drwy'r môr yng nghanol cawodydd o fwledi'r Almaenwyr. Yna, er mwyn mynd oddi ar y traeth a bod yn ddiogel, roedd yn rhaid mynd heibio i glogwyn oedd dros 60m (200 troedfedd) o uchder. Fel petai hynny ddim yn ddigon, roedd cymaint o longau glanio fel bod y traeth yn mynd yn rhy lawn i symud o gwmpas. Lladdwyd llawer o filwyr yr eiliad y glanion nhw ar y traeth.

Milwyr America yn agosáu at draeth Omaha.

TRAETH UTAH

`06:30`

Roedd profiad milwyr America a laniodd ar Draeth Utah, y traeth mwyaf gorllewinol o draethau Normandi, yn wahanol iawn i'r rhai a laniodd yn Omaha. Roedd y glanio'n llwyddiant ac nid oedd llawer o wrthwynebiad gan filwyr yr Almaen yno. Ond, ar ôl croesi'r traeth, roedd yn rhaid cerdded drwy gaeau o dan ddŵr. 197 milwr yn unig a gollwyd ar y diwrnod cyntaf.

Y pum traeth allweddol a ddefnyddiwyd yn ystod Dydd-D.

TRAETH GOLD

`07:00`

Glaniodd milwyr Prydain ar y traethau â'r enw cod Sword a Gold. Glaniodd milwyr Canada ar draeth â'r enw cod Juno. Doedd awyrennau'r Cynghreiriaid ddim wedi llwyddo i ddinistrio amddiffynfeydd yr Almaenwyr ar Draeth Gold cystal â'r disgwyl. Felly, taniodd gynnau peiriant arnyn nhw. Cyrhaeddodd tanciau Prydain yn hwyr. Lladdwyd nifer mawr o ddynion yn ystod yr ychydig funudau cyntaf yn unig.

TRAETH JUNO  07:45

Glaniodd milwyr Canada ar Draeth Juno, ychydig filltiroedd i'r gorllewin o Draeth Sword. Cyrhaeddon nhw am 7.45 y bore, chwarter awr yn hwyr. Felly roedd y llanw wedi dod ymhellach i mewn ac roedd llai o draeth ar gael i'r milwyr. Unwaith eto, roedd y tanciau'n hwyr yn cyrraedd a lladdwyd nifer mawr o filwyr yn ystod yr ychydig funudau cyntaf.

Traeth Juno (uchod ar y dde) a lluoedd Canada'n cyrraedd y traeth.

TRAETH SWORD  09:00

Chafodd milwyr Prydain a laniodd ar Draeth Sword ddim cymaint o drafferth â'r milwyr ar y traethau eraill. Cyn pen dwy awr, roedd rhai wedi symud ymlaen dros un cilometr i mewn i'r tir ac erbyn 10.30 y bore, roedd amddiffynfeydd yr Almaenwyr wedi'u clirio o'r traeth. Roedd y milwyr wedi cael help tanciau arbennig oedd yn gallu dod o hyd i'r ffrwydron cudd.

Milwyr Prydain yn gwneud eu ffordd i Draeth Sword, heb lawer iawn o wrthwynebiad.

TRAETH OMAHA

`09:15`

Erbyn hyn, roedd y glanio ar Draeth Omaha yn dal i fynd yn wael. Roedd y Cadfridog Bradley, arweinydd y glanio, ar fin gorchymyn i'w filwyr gilio. Y broblem fwyaf oedd bod angen tanciau arbennig o'r enw tanciau DD (Duplex Drive) ar y milwyr, i'w helpu i dorri drwy amddiffynfeydd cadarn yr Almaenwyr. Roedd gan y tanciau DD lafn gwthio a chynfas i'w cadw allan o'r dŵr, felly roedden nhw'n gallu tanio cyn glanio. Ond roedd y môr garw wedi difrodi'r cynfas ac felly suddodd llawer o'r tanciau DD.

Mae'r Cadfridog Omar Bradley, arweinydd y glanio ar Draeth Omaha, yn gwenu er gwaetha'r problemau.

TRAETH OMAHA

`10:30`

Symudodd y milwyr yn araf i fyny traeth Omaha, gan geisio cysgodi rhag y bwledi oedd yn dal i hedfan tuag atynt. Llwyddodd rhai o'r milwyr i gyrraedd rhan uchaf y traeth ac ymosod ar yr Almaenwyr. Cyn pen ychydig oriau, roedden nhw wedi torri drwy amddiffynfeydd yr Almaenwyr ac wedi cymryd rheolaeth ar ffordd. Dechreuodd y milwyr symud i mewn, ond roedd y pris yn uchel. Lladdwyd neu anafwyd dros 2,500 o filwyr. Lladdwyd dros 1,000 yr eiliad y glanion nhw.

BARN *y bobl*

'Pan gyrhaeddodd y cwch y lan ac aeth y ramp i lawr, gwnaeth pawb fel roedden nhw i fod i'w wneud. Roedd y milwyr yn gwasgaru ond cafodd llawer eu lladd. Doedden ni ddim yn gallu penderfynu o ble roedd y tanio'n dod oherwydd roedd tua 100 llath o draeth agored o'n blaenau a'r cyfan y gallem ni ei weld oedd y tai ar ymyl y traeth. Dwi'n gallu cofio syrthio i lawr i'r tywod a chodi fy nryll a'i danio at un o'r tai. Meddai Sarsiant Wilkes wrtha i, "At beth rwyt ti'n tanio?" Meddwn i "Dwn i ddim. Dwn i ddim at beth dwi'n tanio."'

George Roach, milwr 19 blwydd oed o America, yn glanio ar Draeth Omaha.

Ar ôl glanio ar Draeth Omaha, wynebodd milwyr America ymosodiadau ffyrnig gan filwyr yr Almaen.

25

Prif nod y Maeslywydd Rommel oedd atal milwyr Prydain rhag symud ymlaen o Draeth Sword.

CYMORTH HWYR

11:00

Chafodd Hitler ddim gwybod tan 10.00 y bore ar 6 Mehefin fod y Cynghreiriaid wedi glanio ar draethau Normandi. Doedd neb eisiau ei ddeffro neu ddifetha ei frecwast. Doedd Hitler ddim fel petai'n poeni gormod am y digwyddiadau. Roedd yn dal i gredu mai ymosodiad bach oedd hwn ac mai yn Calais y byddai'r prif ymosodiad. Dim ond tua diwedd y prynhawn y cytunodd i symud milwyr ychwanegol i Normandi. Defnyddiodd y Maeslywydd Rommel (ar y chwith) y milwyr ychwanegol hyn i atal milwyr Prydain o Draeth Sword rhag cyrraedd tref Caen. Roedd yr Almaenwyr wedi paratoi am ymosodiad y Cynghreiriaid ac wedi rhoi ffrwydron ar draethau Normandi rhag ofn y bydden nhw'n glanio yno. Roedd ffrwydron wedi'u claddu yn rhan bwysig o amddiffynfeydd yr Almaenwyr; roedden nhw wedi'u gosod ar hyd cannoedd o filltiroedd o draethau ac yn berygl mawr i filwyr a cherbydau oedd yn glanio. Er mwyn clirio'r ffrwydron hyn o'r traethau, defnyddiodd y Cynghreiriaid danciau arbennig gyda chadwyni oedd yn troi. Hefyd roedd yr Almaenwyr wedi gosod ffrwydron ar bolion wedi'u cloddio ar wely'r môr fel eu bod wedi'u cuddio pan oedd y llanw'n uchel, sef yr amser gorau i'r Cynghreiriaid lanio.

Roedd yr Almaenwyr yn defnyddio ffrwydron tir i ddinistrio cerbydau'r Cynghreiriaid, ond llwyddodd tanciau arbennig gyda chadwyni oedd yn troi i'w symud.

BARN *y bobl*

'Arhosais yn amyneddgar drwy'r nos am gyfarwyddiadau. Ond dderbyniais i ddim un gorchymyn. O'r diwedd, am 6.30 y bore, penderfynais fod yn rhaid i mi weithredu. Gorchmynnais i'm tanciau ymosod ar 6ed Adran Awyr y Prydeinwyr.'

Edgar Feuchtinger, cadlywydd adran o danciau'r Almaen, yn dangos ei rwystredigaeth oherwydd diffyg gweithredu gan arweinwyr yr Almaenwyr.

'Roedd y dasg yn un newydd i Wehrmacht (Lluoedd Arfog) yr Almaen, oherwydd, hyd yma, doedden nhw ddim wedi ystyried ymosodiadau o'r môr rhyw lawer a sut roedd amddiffyn yn erbyn ymosodiadau o'r fath.'

Y Llyngesydd Friedrich Ruge, cynghorydd llyngesol i Erwin Rommel.

PROBLEMAU ROMMEL `16:00`

Roedd hi'n anodd i Rommel gydlynu ymateb yr Almaenwyr i'r ymosodiad. Roedd mudiad Gwrthwynebu Ffrainc, awyrfilwyr ac awyrennau bomio'r Cynghreiriaid wedi chwalu llinellau cyfathrebu'r Almaenwyr a thorri'r rheilffyrdd. Roedd Rommel hyd yn oed yn meddwl y byddai ail ymosodiad yn rhywle arall ac ni symudodd filwyr o Calais. Cyn pen ychydig ddyddiau ar ôl Dydd-D, gwyddai Rommel na allai yrru'r Cynghreiriaid yn ôl i'r môr; y cyfan y gallai ei wneud oedd cilio y tu hwnt i gyrraedd gynnau'r Cynghreiriaid, a chloddio. Roedd Hitler yn gandryll, ac roedd mwy a mwy o filwyr yr Almaen yn cael eu lladd.

CAEL A CHAEL `23:00`

Y perygl mwyaf i ymgyrch Dydd-D oedd y posibilrwydd y byddai milwyr y Cynghreiriaid yn cael eu dal ar y traethau, a'u lladd gan y Luftwaffe a milwyr ychwanegol yr Almaen. Petai'r Almaenwyr wedi cydlynu'u hymateb yn fwy effeithiol, neu petai Hitler wedi rhoi ei orchymyn yn gynt, efallai y byddai hyn wedi digwydd. Ond cyn pen 24 awr ar ôl Ddydd-D, roedd yr Almaenwyr wedi colli'u cyfle. Roedd eu llinell o amddiffynfeydd arfordirol concrit – 'Wal yr Iwerydd' – yn nwylo'r Cynghreiriaid.

Milwyr Natsïaidd a gipiwyd yn ystod yr ymosodiad ar Normandi ar 6 Mehefin, 1944, yn cario milwr wedi'i anafu i gael cymorth o dan oruchwyliaeth lluoedd y Cynghreiriaid.

Erbyn diwedd y dydd, roedd pob un o'r amddiffynfeydd arfordirol (wedi'u dangos yn goch) yn nwylo'r Cynghreiriaid.

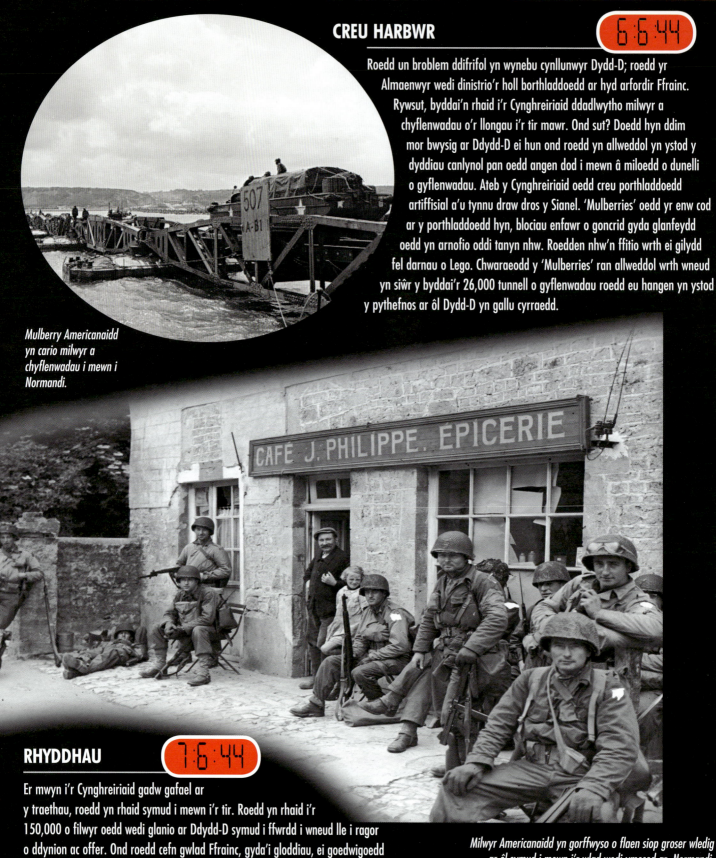

CREU HARBWR

6.6.44

Roedd un broblem ddifrifol yn wynebu cynllunwyr Dydd-D; roedd yr Almaenwyr wedi dinistrio'r holl borthladdoedd ar hyd arfordir Ffrainc. Rywsut, byddai'n rhaid i'r Cynghreiriaid ddadlwytho milwyr a chyflenwadau o'r llongau i'r tir mawr. Ond sut? Doedd hyn ddim mor bwysig ar Ddydd-D ei hun ond roedd yn allweddol yn ystod y dyddiau canlynol pan oedd angen dod i mewn â miloedd o dunelli o gyflenwadau. Ateb y Cynghreiriaid oedd creu porthladdoedd artiffisial a'u tynnu draw dros y Sianel. 'Mulberries' oedd yr enw cod ar y porthladdoedd hyn, blociau enfawr o goncrid gyda glanfeydd oedd yn arnofio oddi tanyn nhw. Roedden nhw'n ffitio wrth ei gilydd fel darnau o Lego. Chwaraeodd y 'Mulberries' ran allweddol wrth wneud yn siŵr y byddai'r 26,000 tunnell o gyflenwadau roedd eu hangen yn ystod y pythefnos ar ôl Dydd-D yn gallu cyrraedd.

Mulberry Americanaidd yn cario milwyr a chyflenwadau i mewn i Normandi.

RHYDDHAU

7.6.44

Er mwyn i'r Cynghreiriaid gadw gafael ar y traethau, roedd yn rhaid symud i mewn i'r tir. Roedd yn rhaid i'r 150,000 o filwyr oedd wedi glanio ar Ddydd-D symud i ffwrdd i wneud lle i ragor o ddynion ac offer. Ond roedd cefn gwlad Ffrainc, gyda'i gloddiau, ei goedwigoedd a'i gaeau bychan, yn hawdd ei amddiffyn ac yn anodd ymosod arno. Serch hynny, cyn pen diwrnod ar ôl glanio, dechreuodd y Cynghreiriaid ryddhau trefi a phentrefi o afael yr Almaenwyr. Ar 7 Mehefin, cipiodd y Cynghreiriaid y brif dref gyntaf, Bayeux.

Milwyr Americanaidd yn gorffwyso o flaen siop groser wledig ar ôl symud i mewn i'r wlad wedi ymosod ar Normandi, Ffrainc, ar Ddydd-D. Ffrancwr yn gwenu wrth y drws.

BARN *y bobl*

'Mae llawer o goedwigoedd a pherllannau. Gwenithfaen yw'r garreg yma, a thros y canrifoedd roedd y gwerinwyr wedi troi'r gwenithfaen yn ffensys a chloddiau. Mae'r tai a'r ffermydd o wenithfaen, a phob un yn gaer gadarn.'

Tom Tateson, milwr Prydeinig yn disgrifio pa mor hawdd oedd hi i'r Almaenwyr amddiffyn cefn gwlad Normandi.

'Mae'n anhygoel, yr holl offer mae'r Almaenwyr wedi'i adael wrth gilio ar frys. Mae'r tryciau yn y lôn yn llawn dop o ddillad, esgidiau, blancedi, offer llaw, bwyd a oedd yn rhan o'r cyflenwadau brys ac a gafodd eu gadael!'

Marie-Louis Osmont, 7 Mehefin, 1944.

Wrth i filwyr ymuno â'i gilydd ar Draeth Juno, ac wrth i gyflenwadau gyrraedd, mae balwnau yn hofran uwchben i amddiffyn yn erbyn awyrennau Strafing yr Almaenwyr.

CYSYLLTU 8·6·44

Er mwyn i'r traethau fod yn ddiogel i'r Cynghreiriaid, roedd hi'n hanfodol fod y byddinoedd ar bob traeth yn cydlynu ac yn cysylltu â'i gilydd. Roedd hyn oherwydd bod yn rhaid iddyn nhw greu llinell gyfan o filwyr y Cynghreiriaid. Petai unrhyw fylchau, gallai'r Almaenwyr wthio drwodd a chadw'r Cynghreiriaid ar wahân. Cysylltodd milwyr America o Draeth Omaha â milwyr Prydain o Draeth Gold ar 7 Mehefin. Ar 8 Mehefin, ymunodd Traethau Juno a Sword. Dim ond ar 10 Mehefin y cysylltodd milwyr Americanaidd o Draeth Utah ac Omaha a ffurfio'r llinell gyfan hanfodol.

CAEN 10·6·44

Gwyddai'r Cynghreiriaid fod yn rhaid iddyn nhw gymryd Caen, dinas o 50,000 o bobl, cyn gynted â phosibl. Y tu hwnt i Caen roedd y ffordd i Baris ac, yn y pen draw, yr Almaen. Pe gallai'r Cynghreiriaid gipio Caen, byddai'r rhyfel yn dod i ben yn llawer cynt. Gwyddai Rommel hyn hefyd ac roedd yn benderfynol o amddiffyn y ddinas. Daeth â'i filwyr gorau i mewn, rhai a oedd wedi ymladd yn erbyn y Cynghreiriaid yn barod yn Rwsia a'r Eidal. Arafodd y Cynghreiriaid wrth wynebu gwrthwynebiad ffyrnig yr Almaenwyr. Roedd yr Almaenwyr yn methu eu gwthio'n ôl, ac roedd y Cynghreiriaid yn methu symud ymlaen.

Y STORM   `19·6·44`

Yn y pen draw, nid milwyr yr Almaenwyr oedd yn bygwth y Cynghreiriaid, ond tywydd gwael. Ar noson 19 Mehefin, bu storm enfawr yn y Sianel, y fwyaf am bron i 100 mlynedd. Bu'n rhaid i longau oedd yn cario cyflenwadau droi'n ôl. Parhaodd y storm am dridiau ac ni fu'n bosib cludo dim dros y môr. Cafodd y 'Mulberries' eu difrodi gan y gwynt a thonnau mawr hefyd, un ohonynt yn llwyr. Y cyfan y gallai milwyr y Cynghreiriaid ei wneud oedd aros i'r tywydd gwael gilio. Roedd y storm wedi arafu cynllun y Cynghreiriaid i symud ymlaen a chollwyd nifer o ddiwrnodau pwysig. Ond, hyd yn oed cyn trwsio difrod y storm, roedd y Cynghreiriaid yn barod gyda 500,000 o filwyr ychwanegol. Roedd eu hoffer wedi cyrraedd ac roedd eu sylw'n troi tuag at dir mawr Ffrainc. Porthladd Cherbourg oedd y dref fawr gyntaf roedd y Cynghreiriaid yn anelu ati. Wrth gipio'r porthladd a'r maes awyr yno, byddai'r Cynghreiriaid yn gallu dod â chyflenwadau i mewn yn llawer cynt, mewn llongau mwy ac awyrennau.

Pobl ifanc Cherbourg yn disgwyl yn awyddus am y Cynghreiriaid.

Tref hardd Cherbourg yn Ffrainc, cyn y frwydr.

CIPIO CHERBOURG   `28·6·44`

Drwy lwc i'r Americanwyr oedd yn mynd i ymosod ar Cherbourg, roedd milwyr gorau'r Almaen yn ymladd y Prydeinwyr mewn mannau eraill. Dechreuodd yr ymosodiad ar Cherbourg ar 22 Mehefin gyda bomio mawr, a daeth i ben pan gipiwyd y dref chwe diwrnod yn ddiweddarach.

BARN *y bobl*

'Roedd basn Cherbourg yn uffern o ffrwydradau, fflamau, mwg a llwch heddiw – un o'r golygfeydd mwyaf syfrdanol a dychrynllyd rwyf wedi'i gweld erioed. Ac yna, pan ddechreuodd ymosodiad olaf y milwyr am 2 y prynhawn, daeth tawelwch sydyn dros faes y gad – tawelwch annaearol na chafodd ei dorri am rai munudau gan *sŵn* y frwydr.'

Don Whitehead, yn gohebu o Cherbourg, 25 Mehefin, 1944.

'Byddaf yn chwalu ac yn dinistrio'r troseddwyr sydd wedi meiddio gwrthwynebu Rhagluniaeth a mi. Mae'r bradwyr hyn i'w pobl eu hunain yn haeddu marwolaeth warthus, a dyna fydd yn digwydd. Y tro hwn, bydd pawb sy'n rhan o'r cynllwyn a'u teuluoedd yn talu'r pris yn llawn... Caiff y nyth gwiberod hwn ... ei ddifodi unwaith ac am byth.'

Adolf Hitler, ar ôl yr ymgais ar ei fywyd, 20 Gorffennaf, 1944.

BOMIO CAEN

7:7:44

Un o'r rhesymau pam gipiwyd Cherbourg mor gyflym oedd ei bod hi'n llawer pwysicach i'r Almaenwyr ddal gafael ar dref Caen. Petai'r Almaenwyr yn dal Caen, gallen nhw atal y Cynghreiriaid rhag cyrraedd Paris. Symudodd Rommel rai o'i filwyr gorau i mewn i amddiffyn y dref. Dechreuodd ymosodiad y Cynghreiriaid ar Caen ar Ddydd-D ond llwyddodd yr Almaenwyr i ddal eu gafael arni er gwaethaf sawl ymosodiad arall. Yn y diwedd, ar 7 Gorffennaf, gollyngodd 450 o awyrennau bomio filoedd o dunelli o ffrwydron ar Caen. Ddeuddydd yn ddiweddarach, aeth y Cynghreiriaid i mewn i dref oedd wedi'i difrodi'n llwyr gan eu bomiau eu hunain.

Tref Caen wedi'i dinistrio ar ôl bomio trwm.

YMOSODIAD AR HITLER

20:7:44

Hitler ei hun oedd y rheswm arall pam roedd y Cynghreiriaid yn gwneud cynnydd cyson ond araf. Gwyddai ei gadlywyddion yn Ffrainc mai'r dacteg orau oedd cilio ac yna, aros am y Cynghreiriaid. Ond fyddai Hitler byth yn fodlon gwneud hyn. Mewn anobaith, cynllwyniodd rhai o gadfridogion yr Almaen i'w ladd. Ar 20 Gorffennaf 1944, ffrwydrodd bom wrth ymyl Hitler ond goroesodd. Cafodd dros 5,000 o bobl eu lladd wrth iddo ddial. Ond o'r diwedd, gwelodd Hitler nad oedd pwynt ceisio dal y Cynghreiriaid yn ôl a rhoddodd ganiatâd i'w filwyr gilio.

Gwrthododd Adolf Hitler dynnu milwyr yn ôl, felly cafodd y Natsïaid eu trechu'n gynt.

Y Maeslywydd Erwin Rommel.

Y Cadfridog Montgomery yn dangos y cynlluniau gogyfer â symud ymlaen drwy Ewrop i Winston Churchill (isod).

Erbyn hyn, roedd yr Almaenwyr yn ymladd y rhyfel ar sawl ffrynt. Wrth i'r Cynghreiriaid symud ymlaen o Normandi tuag at ffiniau'r Almaen ei hun, glanion nhw hefyd yn ne Ffrainc. Yn yr Eidal, roedd milwyr y Cynghreiriaid yn symud tua'r gogledd, a'r Rwsiaid yn ennill tir yn y dwyrain. Gwyddai'r Almaenwyr fod buddugoliaeth wedi llithro o'u gafael. Cilio oedd yr unig ddewis.

Yr Almaen yn encilio

O dan y Maeslywydd Walther Model, roedd byddin yr Almaen yn cilio'n gyflym. Roedd dros 20,000 o'i filwyr wedi'u lladd yn Normandi a 200,000 wedi'u cymryd yn garcharorion. Allai Model ddim cynnal colledion o'r fath. Y cyfan y gallai ei wneud nawr oedd arafu'r Cynghreiriaid yn hytrach na'u gwthio'n ôl. Erbyn mis Gorffennaf 1944, roedd addewid Rommel y bydden nhw'n taflu'r Cynghreiriaid 'yn ôl i'r môr' yn ymddangos yn freuddwyd bell.

Rhyddhau Paris

Aeth y newyddion am lwyddiant y Cynghreiriaid fel tân gwyllt drwy'r gwledydd oedd yng ngafael y Natsïaid, gan godi ysbryd y bobl a gwneud iddynt obeithio eu bod ar fin cael eu rhyddhau. Yn hytrach na cheisio cipio Paris, symudodd y Cynghreiriaid o'i chwmpas. Doedden nhw ddim yn edrych ymlaen at ymladd â'r Almaenwyr fesul stryd mewn dinas mor fawr. Ond, wrth i'r Cynghreiriaid agosáu, cododd pobl Paris mewn gwrthryfel yn erbyn yr Almaenwyr ar 19 Awst. Ar 25 Awst, daeth milwyr Ffrainc, o dan Gadfridog Charles de Gaulle, i ryddhau Paris. Erbyn diwedd y mis, roedd Ffrainc bron yn llwyr yn nwylo'r Cynghreiriaid.

Gwlad Belg a'r Iseldiroedd

Gan fod Ffrainc yn cael ei rhyddhau, symudodd y Cynghreiriaid tua'r gogledd i wynebu milwyr yr Almaen oedd yn meddiannu gwlad Belg a'r Iseldiroedd. O'r ddwy wlad yma, dim ond ychydig o

PARIS *wedi'i hachub*

Wrth i'r Cynghreiriaid symud yn gyflym tuag at Baris ac wrth i'w dinasyddion wrthryfela yn erbyn yr Almaenwyr, gorchmynnodd Hitler i ganol y ddinas gael ei chwythu i fyny. Anwybyddodd von Choltitz, llywodraethwr Almaenig Paris, y gorchymyn hwn ac ildio'r ddinas. Petai wedi dilyn y gorchymyn, byddai rhai o'r adeiladau pwysicaf yn y byd, gan gynnwys Tŵr Eiffel a'r Louvre, wedi cael eu dinistrio.

CHARLES *de Gaulle*

Pan oedd yr Almaenwyr yn meddiannu Ffrainc, roedd y Cadfridog Charles de Gaulle yn llywio mudiad Gwrthwynebu Ffrainc. Doedd Churchill a Roosevelt ddim yn ei hoffi ond roedd nifer o Ffrancwyr yn ei ystyried yn arwr. Mynnodd de Gaulle mai milwyr Ffrainc fyddai'n rhyddhau Paris, yn hytrach na milwyr America neu Brydain. Ar ôl y rhyfel, daeth yn Arlywydd Gweriniaeth Ffrainc. Bu farw yn 1970.

Byddin y Ffrancwyr Rhydd yn cael croeso twymgalon wrth i'w thanciau rolio i lawr y Champs-Elysees ym Mharis (isod).

ffordd oedd i ffin yr Almaen. Erbyn 4 Medi, roedd y ddwy ddinas bwysicaf yng ngwlad Belg – Antwerp a Brwsel – yn nwylo'r Prydeinwyr. Roedd ymosodiad newydd gan y Rwsiaid yn y dwyrain, yr un pryd â'r ymgyrch yn Normandi, wedi helpu'r Cynghreiriaid gan y bu'n rhaid i'r Almaenwyr symud adnoddau prin o'r gorllewin.

Pont yn rhy bell

Ym mis Medi 1944, credai'r Prydeinwyr y gallen nhw symud i mewn i'r Almaen yn llawer cynt petaen nhw'n gallu cipio tair pont dros afon Rhein. Y cynllun oedd gollwng awyrfilwyr i gipio'r pontydd, ac anfon milwyr ar ruthr i gwrdd â nhw. Cipiwyd y ddwy bont gyntaf ond wrth y bont bellaf, yn Arnhem yn yr Iseldiroedd, roedd gwrthwynebiad chwyrn i'r awyrfilwyr a methodd y milwyr ar y tir eu cyrraedd. Ar ôl wyth niwrnod o ymladd, ciliodd y Prydeinwyr. Dim ond 2,500 a ddihangodd o'r 10,000 a laniodd.

Oedi dros y gaeaf

Wrth i aeaf 1944 agosáu, arafodd y Cynghreiriaid. Gwyddai eu cadlywyddion pa mor anodd oedd ymladd mewn tywydd oer a gwlyb. Rheswm arall oedd ei bod hi'n anodd dod â chyflenwadau i'r milwyr i gyd oherwydd eu bod nhw wedi symud mor bell mor gyflym. Roedd byddin Rwsia wedi cael yr un broblem wrth symud ymlaen yn gyflym.

'Roedd yr Americanwyr a'r Ffrancwyr ar fin rhyddhau Paris, felly gyrron ni yno mewn jîp neu ddau. Roedd llawer o saethu pan gyrhaeddon ni. Gyrron ni draw at y Ritz. Roedd yr Almaenwyr yn mynd allan drwy'r drws cefn wrth i ni stopio'r car a chadw ystafelloedd.'

Yr Uwch-gapten Peter Carrington, Arglwydd Carrington yn ddiweddarach, oedd un o'r ychydig filwyr Prydeinig oedd ym Mharis pan syrthiodd y ddinas i'r Cynghreiriaid ym mis Awst 1944.

GWERSYLLOEDD *marwolaeth*

Wrth i'r Cynghreiriaid symud ymlaen i mewn i'r Almaen, gwnaethon nhw ddarganfyddiad ofnadwy. Roedd cannoedd o wersylloedd llafur a chrynhoi wedi'u defnyddio i ladd Iddewon, sipsiwn a grwpiau eraill a gafodd eu herlid gan y Natsïaid. Bu farw tua chwe miliwn o Iddewon yn y gwersylloedd hyn.

Yr ymosodiad olaf

Ym mis Rhagfyr 1944, lansiodd yr Almaenwyr ymosodiad mentrus ar filwyr America mewn rhan o wlad Belg o'r enw Ardennes, gan ddefnyddio math o danc anferthol. Roedd yr ymosodiad yn syndod i'r Cynghreiriaid. Doedden nhw ddim wedi disgwyl ymosodiad yn ystod y gaeaf ac felly, dim ond ychydig o filwyr oedd yn yr Ardennes. I ddechrau, rholiodd yr Almaenwyr ymlaen, gan gipio darn o dir eithaf mawr, ond cyn hir dechreuodd y tanciau redeg allan o danwydd a dod o dan ymosodiad y Cynghreiriaid. Bu'n rhaid i'r Almaenwyr ffoi o'u hymosodiad mawr olaf y tu allan i'r Almaen. Galwyd y frwydr yn 'Battle of the Bulge'.

Arfau 'gwyrthiol'

Hyd yn oed erbyn mis Mehefin 1944, roedd Hitler yn dal i gredu y gallai ennill y rhyfel gyda chymorth ei arfau 'gwyrthiol' newydd. Roedd yr Almaenwyr wedi datblygu dau fath o daflegryn o'r enw V-1 a V-2, gan ddefnyddio technoleg roced newydd. Tarodd dros fil o'r rhain dde Lloegr, gan achosi braw a phanig. Ond cipiodd y Cynghreiriaid ganolfannau'r rocedi yng ngogledd yr Almaen a diflannodd y bygythiad.

Yn y ffotograff enwog hwn (ar y dde), mae milwyr Rwsia yn codi baner yr Undeb Sofietaidd uwchben y Reichstag, senedd yr Almaen, yn Berlin, ym mis Ebrill 1945.

Y Rwsiaid yn gwthio

Ar ddechrau 1945, gofynnodd Churchill a Roosevelt i Stalin roi rhagor o bwysau ar yr Almaenwyr yn y dwyrain er mwyn tynnu'r pwysau oddi ar y Cynghreiriaid. Felly dechreuodd ymosodiad mawr gan y Rwsiaid ar 12 Ionawr, 1945. Gwthiodd y lluoedd Sofietaidd drwy Wlad Pwyl ac i mewn i'r Almaen. Teithion nhw tua 480 km mewn 18 diwrnod yn unig, a dod o fewn 65 km i Berlin.

Bomio Dresden

Yn y gorllewin, roedd milwyr America, Canada a Phrydain yn symud ymlaen yn araf. I'w helpu nhw, lansiwyd ymgyrch fomio newydd yn erbyn dinasoedd yr Almaen. Ffatrïoedd oedd targed awyrennau bomio America. Ceisiodd awyrennau bomio Prydain dorri ysbryd yr Almaenwyr drwy chwalu'r dinasoedd. Ar 13 i 14 Chwefror, 1945, bomiwyd dinas Dresden.

Ar 7 Mai, 1945, llofnododd Cadfridog Alfred Jodl ddogfen i gadarnhau bod holl luoedd yr Almaen yn ildio'n llwyr i'r Cynghreiriaid.

Mewn deuddydd yn unig, lladdwyd dros 25,000 o bobl gyffredin yr Almaen. Mae'r weithred hon gan y Cynghreiriaid yn dal yn bwnc llosg.

Ildio

Roedd Stalin eisiau i'r Rwsiaid gipio Berlin a gwnaeth yn siŵr y byddai ei luoedd yn cyrraedd yno cyn y Cynghreiriaid. Ganol mis Ebrill, dechreuodd milwyr Rwsia ymosod. Wynebodd byddin fach yr Almaen, oedd yn cynnwys hen ddynion a bechgyn yn bennaf, fyddin o ddwy filiwn o Rwsiaid, gyda 6,000 o danciau a 5,000 o awyrennau. Roedd y canlyniad yn anochel. Ar 30 Ebrill, saethodd Hitler ei hun. Y diwrnod canlynol, ildiodd Berlin. Ildiodd gweddill yr Almaen ar 7 Mai 1945. Roedd y rhyfel yn Ewrop ar ben.

Diwedd y rhyfel

Ar ôl y fuddugoliaeth yn Ewrop, parhaodd yr Ail Ryfel Byd am bum mis arall. Roedd y Cynghreiriaid yn dal i ymladd â'r Japaneaid yn y Cefnfor Tawel ac yn Asia. Yn y diwedd, technoleg newydd farwol a ddaeth â'r rhyfel i ben. Gollyngodd yr Americanwyr fomiau atomig ar ddinasoedd Hiroshima a Nagasaki yn Japan ym mis Awst 1945. Daeth blynyddoedd o ymladd dinistriol i ben wrth i Japan ildio ar 2 Medi. Nawr roedd hi'n bryd adeiladu'r heddwch.

'*Gwelais V-2 neu ddau yn cael ei lansio rywle yn y gogledd yr ochr draw i afon Maas, oedd yn dal yn nwylo'r Almaenwyr. Roedd y taflegrau marwol ofnadwy hyn yn codi i'r awyr. Tybiais eu bod ar y ffordd i Lundain . . . a chrynodd fy nghalon.*'

Y Brigadydd Tony Wingfield yn sôn am weld roced V-2 yn pasio uwch ei ben yn 1944.

A r ôl y rhyfel, roedd Ewrop wedi'i rhannu'n ddwy garfan wrthwynebus: un o dan arweiniad UDA a'r llall o dan arweiniad Rwsia Sofietaidd. Effeithiodd y rhaniad hwn ar fywydau pobl Ewrop mewn sawl ffordd. Penderfynodd pa fath o wlad roedden nhw'n byw ynddi, ble roedd eu swyddi a ble gallen nhw deithio. Ond erbyn diwedd y 1980au, roedd yr hinsawdd wleidyddol yn newid eto a dechreuodd Ewrop newydd ymddangos.

> 'Gan fod Gorllewin Berlin yng nghanol Dwyrain yr Almaen, roedd ganddi ffin â'n gweriniaeth ni oedd yn 164 km o hyd, gan gynnwys 45 km â phrifddinas Dwyrain yr Almaen. Tan fis Awst 1961, doedd y ffin hon ddim yn cael ei gwarchod na'i rheoli. Roedd hi'n mynd drwy strydoedd, tai, rhandiroedd a dyfrffyrdd. Roedd hyd at hanner miliwn o bobl yn ei chroesi bob dydd. Ond nid unrhyw diriogaeth o fewn Dwyrain yr Almaen oedd Gorllewin Berlin; hi oedd, a dyfynnu'r ymadrodd a ddefnyddiai ei harweinwyr gwleidyddol, y "bom atomig rhataf un", y "pigyn yng nghnawd y Dwyrain".'

Erich Honecker, arweinydd Dwyrain yr Almaen, yn cyfiawnhau adeiladu Mur Berlin.

Map yn dangos sut roedd Ewrop wedi newid ar ôl yr Ail Ryfel Byd (uchod). Mae Ewrop wedi'i rhannu'n Ddwyrain a Gorllewin, ac yn wledydd NATO a gwledydd Cytundeb Warszawa.

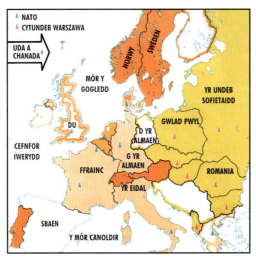

Dyfodol Ewrop

Pan aeth y Cynghreiriaid i mewn i'r Almaen ar ôl ennill y rhyfel, roedden nhw eisoes wedi penderfynu ar lwybr i ddyfodol yr Almaen ac Ewrop i gyd. Mewn cynhadledd yn Tehran, ym mis Tachwedd 1943, roedd Stalin, Churchill a Roosevelt wedi trafod beth fyddai'n digwydd ar ôl y rhyfel a'r mathau o lywodraeth a fyddai'n ymddangos.

Yn ddiogel rhag yr Almaen

Prif bryder Stalin oedd na ddylai'r Almaenwyr ymosod ar Rwsia byth eto, fel gwnaethon nhw ddwywaith mewn 30 mlynedd. Y ffordd o sicrhau hyn oedd troi'r gwledydd Ewropeaidd oedd yn ffinio â Rwsia – Gwlad Pwyl, Tsiecoslofacia, Hwngari, Romania a Bwlgaria – yn 'wladwriaethau clustog' oedd yn gwahanu Rwsia oddi wrth yr Almaen. Y Rwsiaid fyddai'n penderfynu ar lywodraeth pob un o'r gwledydd hyn. Gwnaeth Stalin yn siŵr mai pobl roedd e'n ymddiried ynddyn nhw'n unig a ddaeth yn arweinwyr ar y gwledydd comiwnyddol newydd.

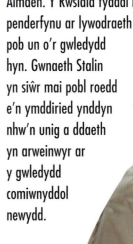

HARRY *Truman*

Ychydig fisoedd cyn diwedd y rhyfel yn Ewrop yn 1945, bu farw'r Arlywydd Roosevelt a Harry Truman daeth yn arlywydd yn ei le. Roedd Truman yn ofni gweld dylanwad Sofietaidd yn mynd ar led yn y byd ac nid oedd yn ymddiried yn Stalin fel roedd Roosevelt wedi gwneud. Roedd y diffyg ymddiriedaeth hwn yn sail i'r Rhyfel Oer – tyndra a gelyniaeth rhwng y Dwyrain a'r Gorllewin, heb unrhyw ymladd, a barhaodd am dros 40 mlynedd.

Rheoli'r Almaen

Er mwyn gwneud yn siŵr na fyddai'r Almaen byth yn bygwth Ewrop eto, cadwodd y Rwsiaid, yr Americanwyr, y Prydeinwyr a'r Ffrancwyr reolaeth ar rannau o'r wlad. Hefyd, rhannwyd Berlin, prifddinas yr Almaen, rhwng y Cynghreiriaid er ei bod yng nghanol y diriogaeth roedd y Rwsiaid yn ei rheoli. Y syniad oedd y byddai'r Cynghreiriaid yn llywodraethu'r Almaen tan y bydden nhw'n gallu ymddiried yn yr Almaenwyr i'w llywodraethu eu hunain.

Delfrydau'n gwrthdaro

Bu gwrthdaro rhwng y Cynghreiriaid wrth feddiannu'r Almaen, oherwydd y gwahaniaethau ideolegol mawr yn y ffordd roedd cynghreiriaid y Gorllewin a'r Rwsiaid yn rheoli eu hunain. Llywodraeth ddemocrataidd ac economi'r farchnad rydd oedd yng ngwledydd y Gorllewin. Gwladwriaeth un blaid oedd Rwsia Sofietaidd wedi'i seilio ar ddelfryd comiwnyddol,

Yr Arlywydd Harry Truman (ar y dde) yn rhoi Medal Teilyngdod i'r Cadfridog Douglas Mac Arthur.

CYMORTH *Marshall*

Rhoddodd yr Americanwyr help ariannol i Orllewin Ewrop ar ôl y rhyfel gyda rhaglen o'r enw 'Cymorth Marshall'. Cafodd gwledydd oedd wedi'u dinistrio a'u gwneud yn fethdalwyr gan y rhyfel help i ailadeiladu eu heconomi; hefyd gwnaeth yn siŵr na fyddai unrhyw un o'r gwledydd hyn yn troi'n gomiwnyddol. Gwrthododd Rwsia ganiatáu i'r gwledydd o dan ei rheolaeth dderbyn Cymorth Marshall.

heb etholiadau rhydd na marchnad rydd. Yn ystod y rhyfel, doedd y gwahaniaethau hyn ddim yn cyfrif ond erbyn 1946, roedden nhw'n achosi tyndra.

Cynghreiriau milwrol

Yn 1948, ceisiodd y Rwsiaid wthio'r Cynghreiriaid eraill allan o Berlin ond methu wnaethon nhw. Y flwyddyn ganlynol, helpodd yr Americanwyr a'r Prydeinwyr i ffurfio Cyfundrefn Cytundeb Gogledd Iwerydd (NATO), cynghrair filwrol oedd yn gwrthwynebu Rwsia Sofietaidd. Ymatebodd y Rwsiaid yn 1955 drwy ffurfio Cytundeb Warszawa, cynghrair filwrol o wledydd oedd yn agos at Rwsia. 'Y Rhyfel Oer' oedd yr enw ar y diffyg ymddiriedaeth rhwng y ddwy garfan. Roedd Ewrop wedi'i rhannu'n Orllewin o blaid yr Americanwyr, a Dwyrain o blaid y Sofietiaid.

Mur Berlin

Yn 1949, cyhoeddodd y Rwsiaid y byddai'r rhan o'r Almaen roedden nhw'n ei rheoli'n dod yn wlad ar wahân o'r enw Gwladwriaeth Ddemocrataidd Dwyrain yr Almaen. Ceisiodd llawer o Almaenwyr y rhan hon o'r Almaen ddianc i Orllewin yr Almaen, yr ardal o dan reolaeth yr Americanwyr, y Prydeinwyr a'r Ffrancwyr. Yna, ym mis Awst 1961, cododd y Rwsiaid ac Almaenwyr y Dwyrain fur concrit drwy'r ddinas i wahanu rhan gomiwnyddol dwyrain Berlin oddi wrth ran orllewinol ddemocrataidd y ddinas, ac atal pobl rhag dianc i'r Gorllewin. Daeth Mur Berlin yn un o symbolau mwyaf pwerus y Rhyfel Oer.

Ar 13 Awst, 1961, caeodd lluoedd Dwyrain yr Almaen y mannau croesi rhwng Dwyrain a Gorllewin Berlin, a chodi rhwystr o goncrit a weiren bigog i atal Almaenwyr y Dwyrain rhag gadael am y Gorllewin.

Adeilad trawiadol Senedd Ewrop (uchod) ym Mrwsel, Gwlad Belg.

Byd newydd

Newidiodd America a Phrydain yn fawr ar ôl 1945. Daeth America, nad oedd wedi bod yn bŵer mawr cyn y rhyfel, yn bwerus iawn gyda grym milwrol enfawr. Ond, dirywio wnaeth statws Prydain fel pŵer mawr. Roedd hi mewn trafferthion ariannol ar ôl y rhyfel, ac roedd yr Ymerodraeth yn chwalu'n gyflym.

Undeb Ewropeaidd

Yn ogystal â NATO, daeth sefydliad pwysig arall i'r amlwg yn Ewrop. Roedd llywodraethau Ewrop eisiau gwneud yn siŵr na fyddai rhyfel arall yn Ewrop byth eto. Yn 1957, arwyddon nhw Gytundeb Rhufain a ffurfio'r Gymuned Economaidd Ewropeaidd. Yr Undeb Ewropeaidd (UE) yw'r enw arni heddiw. Mae gan yr UE Senedd. Mae pobl yn bwrw pleidlais dros rywbeth sydd mewn gwirionedd yn Senedd ryngwladol, y gyntaf o'i bath yn y byd.

Newidiadau yn Rwsia

Yn Rwsia, roedd yr hen arweinwyr comiwnyddol, llawer ohonyn nhw wedi cymryd rhan yn chwyldro Rwsia yn 1917, yn marw fesul un. Roedd hi'n anodd gwybod pa fath o arweinydd fyddai'n eu dilyn. Yna, yn 1985, cafodd yr Undeb Sofietaidd arweinydd newydd, ifancach, Mikhail Gorbachev. Roedd eisiau i'r wlad gael ei llywodraethu'n fwy democrataidd ac agored. Cyflwynodd newidiadau mawr a helpodd i chwalu'r hen Undeb Sofietaidd. Yn bennaf oll, roedd Gorbachev eisiau dod â'r Rhyfel Oer i ben, a chyn hir, dechreuodd y tyndra rhwng y Dwyrain a'r Gorllewin leihau. Oherwydd diwygiadau Gorbachev yn Rwsia, roedd y gwledydd o dan reolaeth Rwsia bellach yn rhydd.

JOSIP *Tito*

Ar ôl y rhyfel, cafodd gwahanol wladwriaethau Iwgoslafia eu huno o dan lywodraeth gomiwnyddol wedi'i harwain gan Josip Tito. Yn 1948, ffraeodd Stalin â Tito, oherwydd ei fod yn rhy ryddfrydol. O hynny ymlaen, roedd Iwgoslafia'n dal yn wlad gomiwnyddol ond nid oedd yn dilyn gorchmynion Rwsia. Bu farw Tito yn 1980. Ddeng mlynedd yn ddiweddarach, chwalodd Iwgoslafia a dechreuodd y gwahanol wladwriaethau ymladd â'i gilydd.

Yn 1989, gan sylweddoli na fyddai'r heddlu'n eu hatal, chwalodd pobl Berlin y Mur oedd wedi rhannu eu dinas am bron i 40 mlynedd. Cyn pen blwyddyn, ym mis Hydref 1990, daeth yr Almaen yn un wlad unwaith eto, ac roedd y rhan fwyaf o wledydd Cytundeb Warszawa wedi penderfynu bod yn ddemocrataidd. Yna, yn 1991, chwalodd yr Undeb Sofietaidd ei hun, gan ddynodi diwedd comiwnyddiaeth yn Ewrop.

GWLAD PWYL *newydd*

Yn 1980, rhoddodd llywodraeth gomiwnyddol Gwlad Pwyl ganiatâd i undebau llafur rhydd gael eu ffurfio. Roedd yr undebau'n boblogaidd iawn a chyn hir daethon nhw'n rym gwleidyddol. Y flwyddyn ganlynol, gwaharddodd y fyddin yr undebau. Erbyn 1989, gyda newid yn ysgubo drwy hen wledydd Cytundeb Warszawa, roedd Solidarność, y brif undeb, nid yn unig yn gyfreithlon ond hefyd yn llywodraethu'r wlad.

Trafferthion Rwsia

O dan yr arlywyddion ar ôl Gorbachev, dydy gwladwriaeth Rwsia ar ei phen ei hun ddim wedi gwneud cystal â gwledydd eraill yn Ewrop. Mae llawer o bobl yn dlawd iawn ac yn ddi-waith, ac mae rhannau o Rwsia, fel Chechnya, sy'n dal i ymladd am annibyniaeth. Yn ogystal, mae llygredd a throseddu cyfundrefnol yn gwneud bywyd bob dydd yn anodd i lawer o bobl Rwsia.

Rhyfel yn Iwgoslafia

Un rhyfel sydd wedi bod yn Ewrop ers diwedd yr Ail Ryfel Byd. Digwyddodd hyn yn Iwgoslafia, gwlad yn ne Ewrop. Ar ôl yr Ail Ryfel Byd, gwlad gomiwnyddol oedd Iwgoslafia gydag amryw o grwpiau ethnig o bobl oedd â chrefyddau a diwylliannau gwahanol. Pan fu farw'r Arlywydd Tito, arweinydd y wlad, yn 1980, dechreuodd Iwgoslafia ymrannu'n ardaloedd fel Serbia, Montenegro a Croatia. Bu rhyfel rhwng rhannau Iwgoslafia o 1990 i 1996.

Yn 2000, cymerodd NATO gamau milwrol yn erbyn Serbia (isod), gwladwriaeth fwyaf pwerus yr hen Iwgoslafia, pan geisiodd glirio Albaniaid ethnig o Kosovo, rhanbarth cyfagos. Achosodd ymosodiad Serbia argyfwng dyngarol enfawr.

Gwnaeth digwyddiadau 6 Mehefin, 1944 fwy na dim ond byrhau'r rhyfel. Roedden nhw'n help i lunio Ewrop fodern. Mae'n hawdd anghofio, wrth edrych yn ôl, mai cael a chael oedd hi ar Ddydd-D. Gallai'r ymosodiad fod wedi methu'n hawdd, a byddai dyfodol Ewrop wedi bod yn wahanol iawn. Felly mae hi'n bwysig i ni gofio Dydd-D, y rhai a gymerodd ran, a'r rhai a aberthodd eu bywydau dros ryddhau Ewrop.

Mae miloedd o filwyr a laddwyd ar Ddydd-D wedi'u claddu yn y fynwent ryfel hon yn Normandi (uchod).

oedd yn dweud 'Ym mis Mehefin '44 dwedon ni "Diolch". Ym mis Mehefin '94 rydyn ni'n dweud "croeso"'.

Mehefin 1944

Cofiodd pobl dros Ewrop i gyd fod 50 mlynedd ers Dydd-D ym mis Mehefin 1994 a pharatoi i ddathlu bod 50 mlynedd ers diwedd y rhyfel yn 1995. Yn Normandi, daeth milwyr a ymladdodd ar y traethau at ei gilydd eto i gofio'r hyn sydd wedi cael ei alw yn 'Y Diwrnod Hiraf'. Codwyd posteri

FFORDD *i fuddugoliaeth*

Yn 1998, dechreuodd Amgueddfa Dydd-D yn New Orleans, UDA, 'Ffordd i Fuddugoliaeth', lle gallai pobl brynu bricsen gydag enw hen filwr Dydd-D arni, a'i gosod yn yr amgueddfa. Creodd Amgueddfa Dydd-D yn Portsmouth, Lloegr, frodwaith 'Overlord' sy'n adrodd stori Dydd-D. Mae wedi'i seilio ar Dapestri enwog Bayeux a gomisiynwyd gan Gwilym Goncwerwr yn yr 11eg ganrif. Roedd yn dangos ei longau'n ymosod ar Loegr o Normandi, a buddugoliaeth y brenin dros Frenin Harold o Loegr. Roedd brodwaith Overlord yn dangos yr un daith rhwng Normandi a Lloegr, ond y tro hwn roedd y llongau'n mynd y ffordd arall – i Ffrainc i ryddhau'r wlad.

Dathliadau ym Mhrydain

Ym Mhrydain, cafodd trefi ar yr arfordir lle hwyliodd milwyr am Normandi ym mis Mehefin 1944 eu 'gefeillio' â threfi yn Normandi, a chyfarfu pobl i gofio'r rhai a laddwyd ar Ddydd-D. Dydd Sul y Cofio, ym mis Tachwedd bob blwyddyn, yw'r brif adeg pan fydd pobl yn cofio am yr hyn ddigwyddodd i filwyr Prydain yn ystod yr Ail Ryfel Byd, gan gynnwys Dydd-D.

Dathliadau yn America

I'r Americanwyr, Dydd-D oedd y dyddiad pan ddechreuodd eu gwlad ymwneud yn agos â materion Ewropeaidd. Yn 1994, teithiodd Bill

Clinton, Arlywydd America, i Normandi a dynodi'r achlysur drwy annerch yr hen filwyr a ymladdodd ar Ddydd-D.

Almaenwyr yn cymryd rhan

Ar ôl 50 mlynedd, roedd y casineb rhwng milwyr yr Almaen a'r Cynghreiriaid wedi hen ddiflannu. Er mwyn cymodi'n llwyr, cafodd hen filwyr o'r Almaen oedd wedi amddiffyn Normandi wahoddiad i gymryd rhan yn y dathliadau hefyd. I nifer o'r hen filwyr hyn, roedd yn gyfle unigryw i gwrdd â'r dynion roedden nhw wedi ymladd yn eu herbyn a chofio am eu profiadau gwahanol o'r diwrnod hwnnw, 50 mlynedd yn ôl.

Y dyfodol

Helpodd Dydd-D i greu Ewrop newydd. Cyn 6 Mehefin, 1944, roedd y rhan fwyaf o Ewrop wedi'i meddiannu gan yr Almaenwyr neu o dan reolaeth unbeniaid. Ar ôl Dydd-D, dechreuodd pennod newydd, heddychlon yn hanes Ewrop. Mae cryfder yr Undeb Ewropeaidd a'r ewro, yn dangos sut mae gwledydd a oedd yn elynion wedi cydweithio tuag at nod cyffredin. Mae nifer o wledydd a oedd o dan reolaeth Rwsia hefyd wedi ymuno â'r Undeb Ewropeaidd. Felly dylai heddwch yn Ewrop barhau.

Un o hen filwyr Dydd-D sydd wedi ennill nifer o anrhydeddau yn cymryd rhan mewn dathliadau i ddynodi 50 mlynedd ers Dydd-D ym mis Mehefin 1994.

HEN FILWYR *yn cofio*

Ym mis Mehefin 1994, daeth arweinwyr pob un o'r gwledydd a gymerodd ran yn Nydd-D i gofio'r digwyddiad ar draethau Normandi. Meddai Bill Clinton, Arlywydd America: 'Ni yw plant eich aberth chi. Ni yw'r meibion a'r merched a achuboch chi rhag gafael gormes'. Ganwyd Bill Clinton yn 1946. Fe oedd arlywydd cyntaf yr UDA i gael ei eni ar ôl yr Ail Ryfel Byd.

LLINELL AMSER

1918 - 1938

- Tachwedd 1918: Yr Almaenwyr yn colli'r Rhyfel Byd Cyntaf ac yn gorfod arwyddo Cytundeb Versailles, lle mae Prydain a Ffrainc yn gosod telerau llym.

- Ionawr 1933: Adolf Hitler yn dod yn ganghellor yr Almaen, ac yn dechrau rhaglen ailarfogi a chonsgripsiwn, gan herio Cytundeb Versailles.

- Mawrth 1936: Hitler yn anfon milwyr i ailfeddiannu Rheinland, ardal o'r Almaen a gafodd ei dadfilwrio gan Gytundeb Versailles.

- Mawrth 1938: Hitler yn ymosod ar Awstria ac yn ei chynnwys yn rhan o'r 'Almaen Fawr'.

1938 - 1940

- Hydref 1938: Hitler yn meddiannu Sudetenland, ardal o Tsiecoslofacia lle roedd Almaeneg yn cael ei siarad, ar ôl addo i Brydain na fyddai'n mynnu rhagor o diriogaeth yn Ewrop.

- Mawrth 1939: Hitler yn meddiannu gweddill Tsiecoslofacia heb wrthwynebiad.

- Awst 1939: Hitler yn llofnodi cytundeb i beidio ag ymosod ar Rwsia er mwyn sicrhau na fyddai Rwsia'n gwrthwynebu ei ymosodiad ar Wlad Pwyl. Mae'r cytundeb yn cynnwys cymal cyfrinachol i rannu Gwlad Pwyl rhwng yr Almaen a Rwsia.

- Medi 1939: Prydain a Ffrainc yn cyhoeddi rhyfel ar yr Almaen ar ôl addo i amddiffyn Gwlad Pwyl pe bai'r Almaen yn ymosod.

- Ebrill-Mai 1940: Yr Almaen yn concro Denmarc, Norwy, yr Iseldiroedd, Luxembourg a Gwlad Belg, ac yn ymosod ar Ffrainc.

- Mai 1940: Winston Churchill yn dod yn brif weinidog Prydain.

1941 - 1942

- Mehefin 1941: Yr Almaen yn dechrau ar 'Ymgyrch Barbarossa' – ymosodiad ar Rwsia Sofietaidd. Caiff niferoedd enfawr o garcharorion o Rwsia eu cipio.

- Rhagfyr 1941: Awyrennau Japan yn bomio llynges Cefnfor Tawel America yn Pearl Harbor, Hawaii. America yn cyhoeddi rhyfel ar Japan. Yr Almaen yn cyhoeddi rhyfel ar America.

- Ionawr 1942: y milwyr Americanaidd cyntaf yn cyrraedd Prydain.

- Mehefin 1942: yr Americanwyr yn trechu'r Japaneaid ym Mrwydr Midway yn y Cefnfor Tawel.

- Awst 1942: ymosodiad awyrfilwyr ar Dieppe yng ngogledd Ffrainc yn methu'n drychinebus.

1942 - 1943

- Hydref 1942: Y Prydeinwyr yn ennill brwydr fawr yn erbyn lluoedd yr Almaen yn El Alamein yng Ngogledd Affrica.

- Chwefror 1943: Chweched byddin yr Almaen yn ildio yn Stalingrad, de Rwsia.

- Mai 1943: Y Cynghreiriaid yn ennill Brwydr Cefnfor Iwerydd. Yr Almaen yn tynnu llynges ei llongau tanfor yn ôl ar ôl colledion trwm.

- Mehefin 1943: Y Cynghreiriaid yn dechrau cyrchoedd bomio 'ddydd a nos' ar yr Almaen.

- Medi 1943: Milwyr Prydain ac America yn glanio yn yr Eidal. Yr Almaenwyr yn ymosod ar yr Eidal o'r gogledd.

1918 - 1938   **1938 - 1940**   **1941 - 1942**   **1942 - 1943**

1943 - 1944

- *Tachwedd 1943: Y 'tri mawr' – Stalin, Roosevelt a Churchill – yn cwrdd yng Nghynhadledd Tehran ac yn cytuno ar amser a lle i Ddydd-D.*

- *Ionawr 1944: Codi nifer o wersylloedd milwrol dros dde Lloegr i baratoi at Ddydd-D.*

- *Mehefin 1944: Dechrau'r ymosodiad ar Ewrop ar draethau Normandi, gogledd Ffrainc.*

- *Gorffennaf 1944: Y Cynghreiriaid yn torri allan o Normandi, ar ôl cipio Caen a Cherbourg. Rhai o gadfridogion Hitler yn methu mewn ymgais i'w ladd.*

- *Awst 1944: Paris yn cael ei rhyddhau gan filwyr Ffrainc o dan y Cadfridog Charles de Gaulle.*

- *Rhagfyr 1944: Yr Almaenwyr yn ymosod am y tro olaf – 'Battle of the Bulge'.*

1945 - 1948

- *Chwefror 1945: Y Prydeinwyr yn bomio dinas Dresden yn yr Almaen, a'i dinistrio bron yn llwyr.*

- *Ebrill 1945: Tanciau Rwsia yn cyrraedd Berlin; Hitler yn cyflawni hunanladdiad.*

- *Mai 1945: Yr Almaen yn ildio'n ddiamod i'r Cynghreiriaid.*

- *Gorffennaf 1945: Berlin yn cael ei rhannu rhwng ardal o dan reolaeth Sofietaidd ac ardal o dan reolaeth y gwledydd gorllewinol.*

- *Awst 1945: Yr Americanwyr yn gollwng bomiau atomig ar ddinasoedd Hiroshima a Nagasaki yn Japan, ac yn dod â'r Ail Ryfel Byd i ben.*

- *Mehefin 1948: Y Rwsiaid yn ceisio gyrru'r Americanwyr, y Prydeinwyr a'r Ffrancwyr allan o Orllewin Berlin drwy roi'r ddinas o dan warchae. Yr Americanwyr a'r Prydeinwyr yn hedfan dynion a chyflenwadau i mewn. Y Rwsiaid yn camu'n ôl yn hytrach na mentro dechrau rhyfel â'r Gorllewin.*

1949 - 1961

- *Ebrill 1949: Ffurfio NATO (Cyfundrefn Cytundeb Gogledd Iwerydd). Gwladwriaethau Gorllewin Ewrop yn cynghreirio ag America i roi cymorth milwrol i'w gilydd petai ymosodiad yn digwydd.*

- *Mai-Hydref 1949: Yr ardal o'r Almaen o dan reolaeth Rwsia yn dod yn Weriniaeth Ddemocrataidd Dwyrain yr Almaen, a'r ardaloedd o dan reolaeth America, Prydain a Ffrainc yn dod yn Orllewin yr Almaen.*

- *Mai 1955: Ffurfio Cytundeb Warszawa lle mae rhai gwladwriaethau yn Nwyrain Ewrop yn cynghreirio â'r Undeb Sofietaidd er mwyn cael cymorth milwrol petai NATO yn ymosod arnynt.*

- *Mawrth 1957: Cytundeb Rhufain yn arwain at ffurfio'r Undeb Ewropeaidd (Y Gymuned Economaidd Ewropeaidd oedd yr enw'r pryd hwnnw).*

- *Awst 1961: Codi Mur Berlin i rwystro pobl rhag gadael hanner Dwyreiniol comiwnyddol y ddinas am yr hanner Gorllewinol.*

1962 - 1994

- *Mawrth 1985: Mikhail Gorbachev yn dod yn arlywydd yr Undeb Sofietaidd ac yn cyflwyno diwygiadau mawr.*

- *1989: Mur Berlin yn cael ei rwygo i lawr ar ôl i'r Arlywydd Gorbachev awgrymu na fydd Rwsia yn ymyrryd yn filwrol yn Nwyrain Ewrop. Y 'Chwyldro Melfed' yn digwydd yn Tsiecoslofacia, a 'Chwyldro'r Nadolig' yn digwydd yn Romania, lle caiff llywodraethau comiwnyddol y gwledydd hynny eu dymchwel. Y Rhyfel Oer yn dod i ben.*

- *1990: Yr Almaen yn ailuno ar ôl i lywodraeth gomiwnyddol Dwyrain yr Almaen syrthio. Yr Undeb Sofietaidd yn chwalu.*

- *1992: Llofnodi Cytundeb Maastricht. Mae'n cynnig polisi tramor a diogelwch cyffredin i bob aelod wladwriaeth yr Undeb Ewropeaidd.*

- *Mehefin 1994: Hen filwyr yn cofio 50 mlynedd ers glanio yn Normandi.*

amffibiaidd Mewn geirfa filwrol, cerbyd sy'n gallu mynd ar y môr ac ar y tir. Cafodd cerbydau amffibiaidd eu defnyddio ar Ddydd-D.

Awr-A Enw cod am yr awr pan ddechreuodd Dydd-D – sef 6.00 y bore.

awyrfilwyr Milwyr wedi'u hyfforddi i gael eu gollwng â pharasiwt. Cafodd awyrfilwyr eu gollwng y tu ôl i linellau'r gelyn ar Ddydd-D i gipio ffyrdd a phontydd strategol.

Blitz Bomio dinasoedd Prydain, yn enwedig Llundain, gan y Luftwaffe (llu awyr yr Almaen) yn ystod yr Ail Ryfel Byd.

Bodyguard Enw cod am ymgyrch y Cynghreiriaid i dwyllo'r Almaenwyr fel eu bod yn meddwl bod byddin fawr yn ne-ddwyrain Lloegr, yn barod i ymosod ar Calais, Ffrainc.

bom atomig Bom sy'n cynhyrchu ffrwydrad anferthol o ddinistriol drwy ymholltiad niwclear. Daeth yr Ail Ryfel Byd i ben yn y diwedd yn y Cefnfor Tawel pan gafodd bomiau atomig eu gollwng ar ddinasoedd Hiroshima (6 Awst 1945) a Nagasaki (9 Awst 1945) yn Japan.

cadarnle Safle sy'n cael ei amddiffyn yn gryf.

comiwnyddiaeth System wleidyddol sy'n seiliedig ar y syniad mai'r gweithwyr sy'n rheoli'r dulliau cynhyrchu a bod popeth yn eiddo cyhoeddus.

Cymorth Marshall Cynllun Americanaidd i hybu adferiad economi Ewrop ar ôl y rhyfel drwy gymorth ariannol.

Cynghreiriaid, y Y gwledydd a fu'n ymladd yr Almaen Natsïaidd, Japan, a'u cefnogwyr yn ystod yr Ail Ryfel Byd.

Cynhadledd Tehran Cyfarfod gan y 'tri mawr', arweinwyr y Cynghreiriaid sef Stalin, Roosevelt a Churchill – yn Tehran, Iran, ym mis Tachwedd 1943. Dyma lle cytunon nhw ar leoliad ac amser Dydd-D.

Cytundeb Warszawa Cytundeb a gafodd ei wneud ym mis Mai 1955 lle aeth rhai gwladwriaethau yn Nwyrain Ewrop i gynghrair â'r Undeb Sofietaidd i roi cymorth milwrol i'w gilydd petai NATO yn ymosod.

Dydd-D Enw cod am ddyddiad dechrau cyrch Overlord, ymosodiad y Cynghreiriaid ar Ewrop o dan reolaeth y Natsïaid. 5 Mehefin 1944 oedd y dyddiad gwreiddiol ond cafodd ei newid i 6 Mehefin oherwydd bod y tywydd yn wael.

DDs Duplex Drives. Tanciau wedi'u haddasu'n arbennig gan y Cynghreiriaid i yrru o gerbydau glanio amffibiaidd a symud drwy ddŵr.

Enigma Peiriant seiffr yr Almaen oedd yn amgryptio codau milwrol yn ystod yr Ail Ryfel Byd. O 1942 ymlaen, roedd y cod wedi'i ddatrys yn gyfrinachol gan ddatryswyr codau ym Mhrydain.

'Friendly Invasion' Enw poblogaidd ar y ddwy filiwn o filwyr America a Canada a ddaeth i Brydain yn ystod y misoedd cyn y glanio yn Normandi ym mis Mehefin 1944.

Funnies Tanciau wedi'u haddasu'n arbennig gan y Cynghreiriaid i symud drwy ddŵr yn ystod y glanio yn Normandi. Roedd gan un math ddrwm yn troi yn sownd wrth ei flaen, ac roedd cadwyni dur arno'n tanio ffrwydron oedd wedi'u claddu yn y tywod.

ffasgaeth System wleidyddol awdurdodaidd, eithafol o genedlatholgar, sy'n gwrthwynebu comiwnyddiaeth a democratiaeth. Fel arfer ceir arweinydd carismataidd a chwlt o bobl o'i gwmpas. Mae gwrthwynebwyr yn cael eu llorio heb ystyried y gyfraith.

ffrwydron tir Dyfeisiadau ffrwydron sy'n sensitif i bwysau wedi'u claddu yn union o dan arwyneb y ddaear.

ffrynt Mewn geirfa filwrol, rheng flaen brwydr neu leoliad blaenaf byddin.

GI 'Government issue' neu 'general issue'. Yr enw poblogaidd ar filwyr cyffredin ym Myddin UDA.

Gold Enw cod ar draeth yn Normandi a gipiwyd gan filwyr Prydain ar Ddydd-D. Doedd amddiffynfeydd yr Almaenwyr ddim wedi cael eu difrodi gan yr ymosodiad o'r awyr cyn hynny a lladdwyd llawer o filwyr Prydeinig.

gwladwriaeth glustog Gwladwriaeth fach rhwng gwladwriaethau mwy. Mae llai o debygrwydd y bydd y gwladwriaethau mwy yn ymosod ar ei gilydd oherwydd y wladwriaeth glustog.

gynnau mawr Gynnau mawr, trwm sy'n cael eu defnyddio i ryfela ar y tir.

Juno Enw cod am draeth yn Normandi a gipiwyd gan filwyr Canada ar Ddydd-D. Lladdwyd llawer o filwyr ar ôl i'r cerbydau glanio gael eu ffrwydro gan sbigynnau dur a ffrwydron arnynt oedd wedi'u claddu yn y tywod.

Luftwaffe Llu awyr yr Almaen yn ystod y Rhyfel.

llynges Nifer mawr o longau rhyfel.

marchnad rydd Economi lle mae cystadleuaeth a galw yn pennu prisiau a chyflogau.

Mudiad Gwrthwynebu Ffrainc Mudiad tanddaearol o ddynion a menywod oedd yn gweithio'n gyfrinachol i ddifrodi ac amharu ar yr Almaenwyr pan oedden nhw'n meddiannu Ffrainc yn ystod yr Ail Ryfel Byd.

Mulberry Llwyfan glanio oedd yn arnofio a gafodd ei dynnu ar draws y Sianel fel ei bod hi'n haws dadlwytho cyflenwadau'r Cynghreiriaid ar hyd arfordir Normandi.

Mur Berlin Rhwystr a gafodd ei godi yn 1961 i wahanu ardal Dwyrain Berlin oedd o dan reolaeth Sofietaidd oddi wrth ardal orllewinol y ddinas oedd o dan reolaeth yr Americanwyr, y Prydeinwyr a'r Ffrancwyr. Cafodd ei rwygo i lawr gan bobl Berlin yn 1989 ar ôl i'r Arlywydd Sofietaidd, Mikhail Gorbachev awgrymu na fyddai Rwsia'n ymyrryd ym materion gwledydd Dwyrain Ewrop bellach.

NATO Cyfundrefn Cytundeb Gogledd Iwerydd. Cytundeb a gafodd ei wneud ym mis Ebrill 1949 lle cynghreiriodd gwladwriaethau Gorllewin Ewrop ag America er mwyn rhoi cymorth milwrol i'w gilydd petai ymosodiad yn digwydd.

Natsïaeth Ffurf Almaenig ar ffasgaeth a oedd yn honni bod yr hil Almaenig yn well na phob hil arall ac a oedd yn wrth-Semitig.

Omaha Enw cod am draeth yn Normandi a gipiwyd gan filwyr America yn ystod Dydd-D. Bu bron i drychineb ddigwydd wrth i'r milwyr wynebu gynnau peiriant yn tanio a llenwodd y traeth ag offer oedd wedi'i ddifrodi a'i adael.

Overlord Enw cod am ymosodiad y Cynghreiriaid ar Ewrop

Pwerau'r Echel Y gwledydd oedd mewn cynghrair â'r Almaen a'r Eidal yn ystod yr Ail Ryfel Byd.

RAF Y Llu Awyr Brenhinol. Llu awyr Prydain.

Sword Enw cod am draeth yn Normandi a gipiwyd gan filwyr Prydain yn ystod Dydd-D. Ar ôl glanio'n llwyddiannus, symudodd y milwyr ymlaen i mewn i'r tir am dros gilometr gan gipio un o gadarnleoedd yr Almaenwyr.

'U-boats' Enw'r Prydeinwyr ar longau tanfor yr Almaen yn ystod yr Ail Ryfel Byd.

unbennaeth Gwladwriaeth lle mae'r grym i gyd yn nwylo un unigolyn, yr unben.

Undeb Ewropeaidd, yr Cydgymuned economaidd a gwleidyddol o wledydd Ewropeaidd a ffurfiwyd yn 1957 er mwyn hyrwyddo masnach fewnol rydd a hunaniaeth gyffredin fel y byddai rhyfel arall yn Ewrop yn llai tebygol.

Undeb Sofietaidd, yr Gwlad a ffurfiwyd o diriogaethau ymerodraeth Rwsia ar ôl Chwyldro Rwsia ym mis Hydref 1917. Hefyd caiff ei galw yn Undeb y Gwladwriaethau Sosialaidd Sofietaidd. Chwalodd yr Undeb Sofietaidd yn 1991.

Utah Enw cod am draeth yn Normandi a gipiwyd gan filwyr America yn ystod Dydd-D. Hwn oedd traeth mwyaf gorllewinol y glanio, ychydig o wrthwynebiad gafodd y milwyr a laniodd yn Utah a dyma lle lladdwyd y nifer lleiaf o filwyr.

ystlys Mewn geirfa filwrol, ochr dde neu chwith corfflu o filwyr.

MYNEGAI

A

Affrica, Gogledd 13, 16, 18, 19, 42
Afrika Korps 17
Aifft, yr 13
Alban, yr 20
Algeria 16
Almaen, yr 8, 15, 16, 19, 29, 32, 33, 34, 35, 36, 37, 39, 42, 43
America 12, 14
Amgueddfa Dydd-D 40
Antwerp 33
Ardennes 34
Arnhem 33
Asia 14, 16
Awr-A 22, 44
Awstria 9, 10, 42
   Ostmark 10
awyrennau bomio 6, 11, 12, 17, 22, 27, 31, 35
awyrfilwyr 21, 22, 27, 33, 44

B

'Battle of the Bulge' 34, 43
Bayeux 28
Belsen 34
Berlin 34, 35, 36, 37, 39, 43, 45
Blitz, y 12, 13, 44
Blitzkrieg (Rhyfel Mellt) 11
bomiau atomig 36, 43, 44
Bradley, Cadfridog Omar 25
Brwsel 33
Bwlgaria 36
Byddin y Ffrancwyr Rhydd 33

C

Caen 26, 29, 31, 43
Canghellor yr Almaen 9, 42
Calais 20, 21, 26, 44
Canada 12
Carrington, Uwch-gapten Peter 33
Cefnfor Tawel, y 14, 16, 17, 42
Champs-Elysees 33
Chechnya 39
Cherbourg 30, 31, 43
China 14
Churchill, Winston 12, 18, 19, 32, 35, 36, 42, 43, 44
Clinton, Bill 41
Combs, Peter 34
comiwnyddiaeth 19, 44
comiwnyddion 10, 36, 38, 39, 43
consgripsiwn 9, 42
Coridor Pwylaidd 11
Cymuned Economaidd Ewropeaidd 38, 43
Cytundeb Rhufain 38, 43
Cytundeb Versailles 8, 9, 10, 42
Cytundeb Warszawa 37, 39, 43, 44

CH

chwyddiant 8
Chwyldro Melfed 43
Chwyldro Rwsia 38, 45
Chwyldro'r Nadolig 43

D

datryswyr codau 17, 44
de Gaulle, Cadfridog Charles 32, 33, 43
Denmarc 12, 42
Dieppe 18, 19, 21, 42

Dirwasgiad Mawr, y 8
Dresden 35, 43
drylliau 10
Dunkirk 10
Dwyrain yr Almaen (DDR) 36, 37, 43

E

economïau'r farchnad rydd 37, 45
Eidal, yr 8, 9, 14, 18, 19, 29, 42
Eisenhower, Dwight D 18, 19
El Alamein 16, 17, 42
Enigma 17, 44
Ewro 41
Ewrop 6, 7, 8, 11, 14, 16, 18, 21, 32, 35, 36, 37, 38, 40, 41, 42, 43

F

Feuchtinger, Edgar 27
'Friendly Invasion' 19, 44

Ff

ffasgaeth 9, 44
Ffrainc 6, 8, 10, 11, 19, 21, 32, 42, 43, 44
ffrwydron môr 26
ffrwydron tir 26, 44

G

Gibraltar, Culfor 13
'Gis' 20, 21, 44
glanio, cerbydau 20, 24, 44
Gorbachev, Mikhail 38, 43, 45
Gorllewin yr Almaen (FDR) 36, 37, 43
Guadalcanal 17

Guinea Newydd 17
gwersylloedd crynhoi/ marwolaeth 34
Gwlad Belg 12, 32, 33, 34, 42
Gwlad Pwyl 11, 35, 36, 42
Gymanwlad, y 12, 13
gynnau gwrthawyrennau 14
gynnau peiriant 23, 45

H

Hawaii 42
hen filwyr 40, 41, 43
Hiroshima 35, 43, 44
Hitler, Adolf 8, 9, 10, 11, 12, 13, 15, 16, 17, 21, 26, 27, 31, 35, 42, 43
Hong Kong 16
'Home Guard' 13
Honecker, Erich 36
Hwngari 36

I

Iddewon 10, 34
ildio 35
India 14
Iran 19, 44
Iseldiroedd, yr 12, 32, 33, 42
Iwerydd, Cefnfor 12, 17, 42
Iwgoslafia 38, 39

J

Japan 14, 16, 35, 42, 43
jîps 33
Jodl, Cadfridog Alfred 35

K

Kursk 18

ⓗ y testun: ticktock Entertainment Ltd 2003 ©
ⓗ y testun Cymraeg: Elin Meek 2011 ©
Cyhoeddwyd gyntaf yn 2003 gan ticktock Media Ltd.,
Unit 2, Orchard Business Centre, North Farm Road, Tunbridge Wells, Kent, TN2 3XF

ISBN 978 1 84851 277 1

Cyhoeddir gyda chefnogaeth
Llywodraeth Cynulliad Cymru.

Argraffwyd a rhwymwyd yng Nghymru gan
Wasg Gomer, Llandysul, Ceredigion SA44 4JL
www.gomer.co.uk

Cydnabod Lluniau:
c = canol; g = gwaelod; ch = chwith; dd = dde; t = top.

Alamy: 1 & 10ch, 7gdd & 12gch, 9c, 16g, 18t, 30t, 31g.
Album Archive: 14-15.
Corbis: 11c, 19g, 25t, 27t, 30g, 32g, 33t, 34t, 35t, 36c, 37g, 38t, 39g, 41g.
Hulton Archive: 20c, 23c, 24t, 25g, 26g, 28t, 29g.